禅仏教とは何か

秋月龍珉

法蔵館文庫

本書は一九九〇年五月二〇日「法藏選書」の一冊として刊行された。

なお引用文中等に、今日においては不適切・差別的というべき表現が一部に見られるが、著者が故人であることや、仏教自体が有してきた歴史的事実を明らかにするという立場から、そのまま掲載した。

索　引

ア行

カ行

サ行

ワ行

ナ行

ハ行

マ行

ヤ行

ラ行

タ行

目　次

禅仏教とは何か

Ⅰ　禅仏教とは何か

一　人間は本来みんな仏である

1　「般若」が「波羅蜜多」する

「ゼン」は世界の思想界にすでに市民権を得た。鈴木《すずき》大拙《だいせつ》先生が禅を初めて西洋社会に弘めるとき、ローマ字で〝Zen〟としてそれだけでは分からぬので〝Buddhism〟という語を付けて「ゼン・ブディズム」と言われた。それが日本語に逆輸入されたのが、「禅仏教」である。だから、禅仏教という語は比較的新しい言葉である。私たちは、この語で〝禅を中核として見た仏教〟を言い表わそうとするのである。道元禅師は「禅宗」という語を厳しく退け、まして曹洞宗とか臨済宗などとは、けっして言わなかった。そう言えば、臨済和尚もまた、「禅を学ぶ」と言わず、「仏法を学ぶ」と言った。そこで、私は、「禅仏教」の語で、道元禅師のいわゆる「正伝《しょうでん》の仏法」「全一の仏法」を意味することにする。禅者の一人として「禅」こそは「仏教の総府」だとひそかに自負しているからである。

「仏教」とは何か。それは〝仏陀《ぶつだ》の説かれた教え〟であり、同時に私たちみんなが〝仏陀に成るための教え〟である。「仏陀」とは何か。それは〝覚者〟すなわち〝悟った人〟を意味する。それは古代インド以来〝宗教的に完成された境地に達した人〟を指して呼んだ名である（日本人はよく、〝死者〟のことを「ホトケ」と呼ぶことがあるが、あれくらい仏陀の教えをないがしろにする怪しからん語はない）。

「仏」は〝覚者〟である。そこで、仏教でいちばん大事なことは何かと言うと、それは「覚」すなわち〝悟り〟（菩提《ぼだい》）である。その〝悟り〟の〝智慧〟のことを、「般若《はんにゃ》」という。古代インド語の「パンニャ」の漢字音写である。こう言うと、皆さんはすぐに『摩訶《まか》般若波羅蜜多心経《はんにゃはらみたしんぎょう》』というお経のことを思い出されるであろう。テレビでお経を読む場面が出ると、ほとんどの場合『心経』と略称されるこのお経が読誦《どくじゅ》される。その「般若」である。「般若」の「空智」などと言って、「悟り」は〝「空《くう》」の智慧〟だという。『心経』は、その「空」の智慧を説いたお経だともいう。そして「般若」の語は、釈尊の滅後数百年たって、西暦紀元のころに、大乗仏教が興って初めて言い出された語だ、と戦前までは考えられていた。しかし、最近は西義雄先生の研究によって、「般若」の語は、すでに釈尊の在世中に使われていて、その意味は「心性本清浄《しんしょうほんしょうじょう》」ということであった、ということが明らかにされた。

「心性」とは〝心の本性〟ということ、すなわち〝本心〟ということである。そうすると、「私たちの心の本性、すなわち〈本心〉は本来清浄なものである」というのが、仏陀の菩提《さとり》の智慧（般若）であったということになる。

釈尊は何を悟ったのか、何に目覚めたのか。それは「本来の自己の自覚」である。「本来の自己」とは、どんな自己か。それは「心性本清浄」という自己である。私たちの本心、すなわち本来の自己は、「本来清浄」なものであるという、そういう心、そういう自己を自覚されたのが、〝釈尊の覚智（般若）〟であった。

では、「本来清浄」とは、どんなことか。「清浄」というのは、いちおう〝汚穢《けがれ》〟に対して〝清浄《きよらか》〟ということである。が、ほんとうは、そういう相対的な清浄ではなくて、絶対清浄である。それを大乗仏教では「空」というのである。だが、その「空」の説明は後で改めて説くとして、ここでは分かりやすく次のように解しておく。

私たちの心は罪に汚れているので、懺悔《さんげ》して清めなければならない。私たちの自我は過去の業《ごう》（行為）の報いによって輪廻《りんね》を免れない、何とかしてその生死《しょうじ》（苦しみの人生）から解脱して涅槃《ねはん》（苦界に再生しない永遠の平安）を得たい。こう考えて修行された釈尊が、深い禅定《ぜんじょう》の中で暁の明星を一見して菩提（悟り）を証された。そこから仏教が興った。だから、釈尊（因みに言う、釈尊を「ゴータマ・ブッダ」と呼んではならぬ。初期仏教において、仏弟子は、釈尊を「ゴータマ」と呼んだ例がない。それは近代西洋の学者に盲従したこの国の学者たちの誤りである。たとえ「ブッダ」の語を付けるにせよ、「ゴータマ・ブッダ」などと言われると、私たちはおやこの学者は「外道」だったのかと思う。「釈尊」と呼ぶべきである）は、「生滅《しょうめつ》・垢浄《くじょう》」の生死的自我の中に「不生不滅・不垢不浄」の涅槃的自己を自覚されたのである。確かに、私たちの心は罪に汚れている、私たちの自我は生まれて老いて病んで死んでいく。しかし、そうした「生死的自我《エゴ》」に即して、それと区別はできるが切り離せない、もう一人の生滅することのない、罪に汚れない「涅槃的自己《セルフ》」がいる。そうした自己が、「本来の自己」なのであったという目覚めこそが、仏陀の「悟り」だったのだ、と思う。その〝悟りの智慧〟が「般若」であり、だからこそ「般若」は〝心性本清浄〟という意味であったと言われるのである。

ここまで分かったとき、今一つの問題点、いや仏法の大事が明らかになる。本来の自己がそうした「清浄」（不生不滅・不垢不浄）なものであっても、現実の自我は罪に汚れ苦界に生死している。そこで、私たちはその本来の自己を現実の自我の上に実現し成就しなければならない。それが「波羅蜜多《パーラミター》」ということである。「波羅蜜多」という古代インド語の意味は、〝完成〟ということである。そこで、私たちは、「摩訶（大）般若（智）波羅蜜多（完成）は仏道の第一義なり。至心《ししん》に憶念せよ」と言うのである。

要するに、私たち人間は、生まれながらに「本心」という尊いものを持っている、ということである。それを「仏心」とも「本来の自己」ともいうのである。お経には「一切衆《いっさいしゅ》生悉有仏性《じょうしつうぶっしょう》」とある。〝すべての生きとし生けるものには、ことごとく仏性がある〟（『涅槃経』）というのである（この「仏性」のことを学者は〝仏に成り得る可能性〟と訳すが、禅ではそうは解さない。可能性なら未来の話になって、修行していつか悟るということになる。禅は常に〝即今《いま》・此処《ここ》・自己〟しか問題にしない。今・此処のこの私が〝仏としての本性〟をもっていると解する）。そうした「仏性」（心性本清浄）、それこそが「本来の自己」である。だから、「人間は本来みんな仏なのである」。この「信」こそが、仏教の中心である。本来の自己を現実の自我に実現完成する。——それが仏教である。

2 「不立文字・以心伝心」ということ

私は、この「禅仏教とは何か」という法話を「人間は本来みんな仏である」ということから書き始めた。これは、言うまでもなく、『涅槃経《ねはんぎょう》』の「一切衆生悉有仏性」の語に基づき、『円覚経《えんがくきょう》』の「衆生本来成仏《しゅじょうほんらいじょうぶつ》」の語を踏んだ、白隠禅師の「衆生本来仏なり」という『坐禅和讃』の冒頭の一句に依ったものである。

中国以来、禅宗の起源を、「拈華《ねんげ》微《み》笑《しょう》」の話で説明する。

釈尊は、あるとき、霊鷲山《りょうじゅせん》の説法の集まりで、きょうはこれまでまだ一度も説かなかった、とっておきの法を説くと言い出された。それで、集まった聴衆一同はかたずをのんで、釈尊のようすを見守っていた。そのとき、釈尊は在家の信者が献じた蓮の花の一枝を取って、すっと人々の前に示された。みんなは何のことか分からずに黙っていたが、ただ高弟の迦葉《かしょう》尊者だけがそれを見て、にっこり微笑《ほほえ》んだ。すると、釈尊は、

「吾《われ》に正法眼蔵《しょうぼうげんぞう》・涅槃妙心《ねはんみょうしん》・実相無相《じっそうむそう》・微妙《みみょう》の法門《ほうもん》あり。不立文字《ふりゅうもんじ》、教外別伝《きょうげべつでん》にして、摩訶迦葉《まかかしょう》に付嘱《ふぞく》す。」(『無門関』第六則)

と言われた。

釈尊の拈華《ねんげ》(花を取り上げる)に対して迦葉が微笑《みしょう》(ほほえむ)する。釈尊は、私に正しい法《しんり》の眼《まなこ》の蔵《おしえ》、涅槃《さとり》の妙心《ふしぎなこころ》、実相は無相であるという、微妙な法門《おしえ》がある。今、それを不立文字(文字によらず)・教外別伝(教えの外に別に伝える)という仕方で、大迦葉に付《わた》した、迦葉嘱《たの》んだぞ、と言われた、というのである。ここに「以心伝心」(心でもって心を伝える)という「禅」の「正法《しょうぼう》」の相承《そうじょう》のあり方が、はっきり示されている。

花を取り上げる釈尊の心境と、その釈尊の行為を見て微笑《みしょう》する迦葉の心境と、ぴたりと一つである。両者の心が、ともに「正法眼蔵・涅槃妙心」そのものである。一枚の蓮花を

媒介として、釈尊の妙心と迦葉の妙心とが、一如《いちにょ》になっている、そこを、釈尊は「それ、そこだ」と言う代わりに、「私に正法眼蔵がある、大迦葉に付嘱した」と証明されたのである。釈尊も迦葉も同じ妙心に生きているのだから、別に文字言句で説明する要はないのである。そこを「不立文字・教外別伝」とも、「以心伝心」とも言うのである。

禅の伝法相承は、こうしてすべて常に面授口訣《めんじゅくけつ》といって、師匠と弟子と面々相対して、以心伝心の問答を通じてなされる。問答を通じて法を相承すると言っても、師匠から弟子へと、何か特別な「心」が口伝で伝えられるというのではない。師弟ともに無心というか妙心というか、両者の心が一如になって、いわゆる「両鏡相照して中心影像《ようぞう》なし」という境地に達したとき、師匠は弟子のその心を「それその境地、そこだ！」と指すだけである。それを「直指人心《じきしにんしん》」というのである。もう、本人がその心境に達しているのだから、別に言葉や文字で説明する要はない。そこを「不立文字」というのである。こうした「以心伝心」の法の授受はまったく禅的である。後世の中国の禅宗で展開した、こうした禅的な「正法」の伝授のあり方を、逆にインドの教主釈尊に遡らせて創作したのが、この「拈華微笑」の話にほかならないと言ってもよいであろう。

ともあれ、禅者の言行は、常にただ「直指人心」の一語に尽きる。禅者はただ「無心」即「妙心」という人間の本性《ほんせい》、自己の「仏性《ぶっしょう》」（仏陀としての本性で可能性ではない）というあの「一心」（人間の本心）だけを直指してやまないのである。そして、その「妙心」なる「仏性」を徹見して「見性成仏《けんしょうじょうぶつ》」（自性＝仏性を見て仏陀と成る）することを要求する。禅者は、それこそが、釈尊が深い禅定《ぜんじょう》のうちに、暁の明星を見て悟られた、あの「般若」の「正見《しょうけん》」に直結する「正法眼（蔵）」（「般若」の智慧）だと信じてやまないのである。そして、この矜持《きょうじ》が、禅を「仏法の総府」だと言わしめ、「不立文字、教外別伝、直指人心、見性成仏」を、祖師禅（達磨禅）の教化《きょうけ》伝法《でんぽう》のスローガンとして掲げしめたのである。

3　「根源語」が分節して「文」となる

こうして、禅者は、口を開けば「不立文字」と言い、「以心伝心」と言う。しかし、現実には、禅者が自分の「悟り」ないし悟った「法」を他人に伝えるとき、やはり言葉――話し言葉と書き言葉（文字）――を使う。それどころか、「不立文字」と称する禅宗が、各宗派の中でも、いちばん文字の多いのはどういうことか。現に、『続蔵経』の三分の二までが禅宗の語録だというではないか。

しかし、それにもかかわらず、禅者が「不立文字」を言うのは、なぜか（ここには、「教外別伝」のことは、しばらく措く。なぜなら、道元禅師に、「〈教外別伝〉は謬説である」という語があって、それはまた別に考えなければならないからである）。

それは、禅者は、体験の妙境を言い詮《あら》わす（「言詮《ごんせん》」という）には、言葉や文字は充分でないことを、骨身にしみてよく知っているからである。今、その好一例として無門慧開和尚《むもんえかい》の次の詩を挙げる（『無門関』第三七則）。

言《げん》 事《じ》を展《の》ぶることなく、語 機に投ぜず。
言を承くる者は喪い、句に滞る者は迷う。

「展事」とは、〝事実を完全に表現する〟こと、「投機」とは、〝つぼを押さえる〟意である。それで、この詩の意味するところは、〝言葉は事実を展開しない、言句は機微に触れてこない。言葉をそのまま受け取る者は真実を失い、語句に執われる者は道に迷う〟ということになろう。

ここに、禅者が、「言」（言葉）と「事」（事実）の関係をどう見ているかということが、はっきりと述べられている。

道元禅師の『真字正法眼蔵』に、次のような公案がある。

雲門、衆《しゅ》に示して曰く、「〈聞声悟《もんしょうご》道《どう》、見色明心《けんじきみょうしん》〉と。作麼生《そもさん》ならんか是れ聞声悟道、見色明心なる」。手を挙げて曰く、「観世音菩薩、銭《ぜに》を将《も》ち来たって餬餅《こべい》を買う」。手を放《ほう》下《げ》して曰く、「元来是《がんらいこ》れ饅頭《まんとう》」。

雲門は、門下の大衆《だいしゅ》に教示して言った、「〈聞声悟道、見色明心〉と言うが、どんなのが〈音声を聞いて道を悟り、色や形を見て本心を明らめる〉ということか」。こう言って、彼は手をあげて言った、「観音さまが銭をもってきて餬餅《もち》を買った」。そして、その手を下に置いて言った、「なあんだ！　饅頭《まんじゅう》だった」。

今は公案について、詳しく解説するいとまがない。ただ私が注目したいのは、「元来」という感嘆詞（本来は〝もともと〟という意味の副詞）である。これは禅録によく見かける、「将謂……元来……」という構文の後半に使われる語である。〝こうこうだとばかり思っていたら、なあんだ、そんなことだったのか「思い違いだった」〟という、あの〝なあんだ！〟という語気を表わす感嘆詞である。「悟り」体験には必ずこの思いがある。「本来の自己」に目覚めて仏と成った、そのとき初めて覚って（始覚）仏に成ったのかというと、そうではない。「本来仏」（本覚）であったのだ。衆生だとばかり思っていたが、なんだ本来仏だったのか！　餅だとばかり思っていたのは、とんだ誤解であった、なんだ饅頭だったのか、というわけである。

この「元来」のような、体験の直叙として吐き出される語を、「根源語」という。「悟り」は、まずこうした「根源語」として体験者の口をついて出ることがある。そこにはまだ何の概念の操作も思想的な営みもない。体験の直接的な表白で、ほとんどが感嘆詞のままである。しかし、人間の意識は必然的に、その単なる感嘆詞を、主部と述部に分節してセンテンスを作ることになるのである。

鈴木大拙先生は、「禅経験」は「禅意識」となり、そして「禅思想」となると言われた。「根源語」はおのずからに分節化して、ふつうにいう「言語世界」へと出てくるのである。「なあんだ！（元来）」というところに、禅経験という「根源的創造的出来事」がある。その「事」が「言」となるのであって、断じてその逆ではない。ここには一種の「不可逆」がある。「悟り」はこの「事」の地平で体験される。それを忘れて、「言」から「事」へということになると、「言を承くる者は喪い、句に滞る者は迷う」という逆さ事になる。しかし、「言の事を展ぶることなく、語の機に投ぜざる」ことを知った上で、「根源語」が分節して「言語」世界に出るとき、そこにはじめてあの絢爛豪華な「禅語（禅文字）の世界」が開けてくるのである。

4　道元禅師の「根源語」と道元禅の「根本句」

宝慶元年（一二二五）の夏安居《げあんご》も終わりに近いある日の早暁のこと、中国の天童山の禅堂で、坐禅中に一人の雲水が居眠りしていた。それを見て、如浄《にょじょう》禅師は、「参禅は身心《しんじん》脱落でなければならぬ。ただ眠っていて何になるか」と大喝された。それを傍らで坐禅三昧《ざんまい》になって坐っていた日本からの渡来僧の道元が聞いて、豁然《かつねん》として大悟した。ただちに如浄禅師の方丈に入室《にっしつ》して焼香礼拝した。

如浄は言った、「何のための焼香か」。
道元、「私は身心脱落しました」。
如浄、「身心脱落したら、脱落した身心だ」。
道元、「これは一時の境涯です、むやみに印可なさらないでください」。
如浄、「私はむやみに印可したりはせぬ」。
道元、「むやみに印可しないところとは？」。
如浄、「脱落、脱落だ」。

道元禅師は言う、「予、発心求法《ほっしんぐほう》よりこのかた、わが国の遍方に知識をとぶらいき。ちなみに建仁《けんにん》の全公を見る。あいしたがう霜華すみやかに九廻をへたり。いささか臨済の家風をきく。……予、かさねて大宋国におもむき、知識を両浙にとぶらい、家風を五門にきく。ついに太白峰の如浄禅師に参じて、一生参学の大事ここにおわりぬ」。

私は発心して法を求めて以来、日本国にあまねく指導者を訪ねた。たまたま建仁寺で明全《みょうぜん》さまにお目にかかって、随身すること九年の年月がたった。少しばかり臨済の家風を知った。……私はなおも法を求めて大宋国に行き、指導者を江南および浙江省の全域に訪ね、潙山《いさん》・臨済・曹洞・雲門・法眼《ほうげん》の五家に学んだ。最後に太白峰の天童山で如浄禅師に参じて、一生参学の大事を了畢《りょうひつ》した――というのである。

この「一生参学の大事、ここにおわりぬ」と禅師に言わしめたものが、このときの「身心脱落」の悟り経験にあった。

ただ学者の中には、このときの如浄の語は、「身心脱落」ではなく、「心塵脱落」であったという説がある。『如浄語録』を見ると、「身心脱落」という語は一語もなく、ただ一回だけ「心塵脱落」の語がある。それで如浄の「心塵脱落」の語を道元が「身心脱落」と聞き誤ったのではないか。そしてそれを、みずから坐禅に徹した境涯から独自の新たな概念として「身心脱落」と結晶化したのではないか、というのである。

これはこれで有力な一学説である。しかし、これに対しては、中国語の発音の音韻の上から、道元ほどの中国語の達者がそんな聞き誤りをするとは考えられぬという反対説もあり、今はこれ以上その是非を問題にするときではない。

ただ確かなことは、道元があのときにみずから「悟り」経験をしたという事実であり、そしてそのとき、禅師はみずからその禅経験を「身心脱落」と意識したということである。いわば、禅師にとって「身心脱落」は、禅師の悟り経験の「根源語」であったということである。

だから、それは正しくは一息に「身心脱落」であって、まだ「〈身心〉が〈脱落〉した」というセンテンスとしての分節さえなかったと言わなければならない。それが、如浄禅師の室に入って「私は身心脱落しました」と言詮《ごんせん》したときに、はじめてセンテンスとなった。それを受けて、如浄は、「身心が脱落したら、〈脱落した身心〉が現成《げんじょう》する」と言って、道元が「大死一番、絶後蘇息」の〝禅経験〟を体得したことを印可した。最後の「脱落脱落」は、おそらく「脱落を脱落し」てこそ、はじめて真の「脱落」だ、という師家《しけ》如浄の徹底した親切の一語であろう。実に「親言は親口《しんく》より出ず」で、師恩のありがたさをかみしめての道元禅師の筆記であろう。

我々は、こうして、先の私の所説を受けて、道元禅師の「根源語」として「身心脱落」の語を見、そこに禅師の禅経験と禅意識とを見ることができた。禅師は、それをさらに禅思想として、「本証妙修《ほんしょうみょうしゅ》」と道破するのである。私は実はこのことが言いたいために、以上のような論を展開したわけである。

私はある宗教者の基本思想を表現した句を、「根本句」の名で呼んでいる。道元禅師の「根本句」が、ほかならぬ「本証が妙修する」という言詮なのである。

5 「本証」が「妙修」する

道元禅師に次の語がある。

「すでに証を離れぬ修《しゅ》あり、我ら幸いに一分の妙修を単伝せる、初心の弁道すなわち一分の本証を無為の地に得るなり」「妙証を放下《ほうげ》すれば本証手の中に充てり。本証を出身すれば、妙修通身に行なわる」

ここから、「本証妙修」が道元禅の基本思想であること、そしてまたそこから道元禅の禅風といわれる「只管打坐《しかんたざ》」と「威儀即仏法・作法是れ宗旨」の語を理解するということは、斯界の定説であり、誰にも異存のないところである。それなら禅師は、なぜ先の「身心脱落」の根源語を思想的に分節して、「本証が妙修する」という根本句を立てたのであろうか。それは、おそらく、禅師が青年時代に初めに抱いたという「顕密の二教ともに談ず、『本来本法性《ほんぽつしょう》、天然自性身《てんねんじしょうしん》』と。もしかくのごとくならば、則ち三世の諸仏、甚《なに》に依って更に発心して菩提を求むるや」という、あの疑問にみずから答えたものであろう。

「本来本法性、天然自性身」、人間は本来仏性を持っている、すなわち「本来の自己」がそのまま「仏陀」であるというなら、過去・現在・未来の仏たちは、なぜ改めて発心して悟りを求めるのか、という問題である。それに答えるものが、「本証」（本来仏）のゆえにこそ、その自発自展として、「妙修」（凡夫の思議を絶した修行――只管打坐・威儀即仏法・作法是れ宗旨）があるということである。禅師は言う、「この法は人々《にんにん》分上に豊かにそなわれりといえども、いまだ修せざるには現われず、証せざるには得ることなし」と。

「本証」の語は、明らかに禅師が青年前期の時代から学んだ比叡山の「天台本覚門」の思想に由来する。そしてそれはまた『大乗起信論』にいわゆる「本覚」の説に基づくものである。『起信論』に「本覚―不覚―始覚」ということをいう。「本覚」というのは、「衆生本来仏なり」という、個人の意識の上の覚・不覚にかかわらぬ、〝本来の証悟〟をいう。いわば〝覚なき覚〟ともいうべき先験的な覚証であり、人間実在本来の原事実である。ところが、現実には、私たちはその「本覚」を見失って、あたかも非本来が本来であるかのような「不覚」の状態に陥っている。そこで、本来覚って成仏しているにもかかわらず、改めて発心し修行して、いつ・どこかで・何かの縁によって、始めて悟らなければならない。これを「始覚」というのである。

道元禅師は、明らかにこの『起信論』の説を受けた、天台本覚門の思想に従って、「本証」ということを言い出したのであるが、だからと言って、一部の学者の言うように、道元禅が天台本覚思想に吸収されるかのような説は誤りである。禅師の真の立場は、天台宗とははっきり違う。禅師は「本証」をいつも「妙修」とともに言う。「本証」と「妙修」とは不可分で不可同である。そこを私は「本証が妙修する」と言って、「本証」の自発自展として「妙修」を見ると主張して来た。「妙修」が大事である。禅師が「只管打坐」と言う坐禅も、衆生が悟りを目的としてその手段として努力する坐禅ではなく、いわゆる「証上の修」として、「本証」の自発自展として、本来の仏が坐禅する仏作《ぶっさ》仏行《ぶつぎょう》なのである。禅師が「叢林を離れない」と説き、「威儀即仏法、作法是れ宗旨」を高唱するのも、それが「本証」の「妙修」としての作法であり威儀である、仏作仏行であるからである。

曹洞宗の宗学者の一部には、「道元禅と白隠禅は宗教としての次元が異なる。道元は高く、白隠は低い」というような説をなす向きがある。確かに、一見したところでは、道元禅は本覚門的で、白隠禅は始覚門的であると言える。そこから、道元は文字どおり「衆生本来仏なり」という「信」の上に立っての仏作仏行を説くのに対して、白隠はそうした仏祖の言をいったん疑って、わざわざ衆生の立場に立って、悟りを求めて坐って、改めて「覚」することを強調する。だから、白隠には、仏祖に対する「信」がない、などと非難される。

しかし私は、そうした論者は、白隠禅をほんとうに知らないで批判しているのだと思う。白隠も、彼の仏教概論ともいうべき『坐禅和讃』の冒頭で、「衆生本来仏なり」とはっきりと明言し、中ほどで「因果一如の門開け」と歌い、「この身すなわち仏なり」と結んでいる。白隠の禅風の特色は「直《じき》に自性《じしょう》を証する」ことを強調したところにあることは否定できないが、彼もまた「因果一如」といって、「生仏不二《しょうぶつふに》」（衆生と仏と一つ）と明言している。その点では白隠禅もまた「修証一等《しゅしょういっとう》」（修行の因と証悟の果と一つ）である。道元禅と白隠禅との相違点を知ることは大切であるが、本来「一味」の禅の大事を見失って、いたずらに相争って、かの「外国の好人《こうにん》」（道元が使った語）の笑いを買うことは厳に慎むべきことと想う。

二　戒・定・慧の三学が成道の要訣である

1　八正道―三学―六波羅蜜―三論

以上で、仏教の教理論を略述した。次はその修道論である。

仏教の修道論というと、まず「中道」ということが言われる。官能の導くままに快楽にふけることと、自分で自分を苦しめることに夢中になること、すなわち快楽主義と苦行主義の二つの極端を捨てて、中道を行くことである。それは八つの聖なる道（八正道《はっしょうどう》）からなると、釈尊は説かれた。「正見《しょうけん》（正しい見解）と正思惟《しょうしゆい》（正しい決意）と正語（正しい言葉）と正業《しょうごう》（正しい行為）と正命《しょうみょう》（正しい生活）と正精進《しょうしょうじん》（正しい努力）と正念《しょうねん》（正しい思念）と正定《しょうじょう》（正しい瞑想）」である。

そして、それはまた、とりもなおさず釈尊の基本的な教説であった「四聖諦《ししょうたい》」の第四である「道諦」（人生の苦悩の超克の道）の具体的な内容そのものでもあった。

しかし、悟りへの実践の道が八つを数えるというのは、いかにも煩わしい。そこで、間もなく、初期仏教において、それは「戒《かい》・定《じょう》・慧《え》の三学」にまとめられた。念のために、図示してみると次のようになる。

八正道	三学
正見 正思惟	慧
正語 正業	戒

正命
正精進――（三学共通）
正念
正定
（正念・正定）――定

そして、これは大乗仏教の「六波羅蜜」においても、そっくりそのまま取り入れられた。

これも念のため図示して見ると――

六波羅蜜	三学
布施	
持戒	戒
忍辱	
精進	（三学共通）
禅定	定
智慧	慧

このうち「忍辱《にんにく》」は「精進」を裏返しにしたものと考えると、「大乗」で新しく付け加えられたのは「布施」であり、これを最初に持ち出したところに、小乗の「自利」のみと異なる、「利他」こそ真の自利とした、大乗の大乗たるところがあると言われる。それは確かにそのとおりであるが、「布施」はすでに釈尊その人によって根本仏教以来説かれてきた大事な教えであった。いや、それは仏教以前から、インド思想の実践論として「布施・持戒・生天《しょうてん》」の三つが説かれていた。他人（出家・困窮者）に布施し、自分は戒を持《たも》つことによって、来世で楽しい天上界（神々の世界）に生まれることを願う「生天思想」は、古くからインド民衆によって抱き続けられた考え方である。仏教もまたこれをそのまま取り入れたのである。

仏教には「次第説法」ということが言われる。それは、いきなりギリギリの「法」（真理—教え）を与えずに、幼稚園から、小学・中学・高校・大学というように、次第次第に高次の教えへと導いていく教育法である。それは、第一に、先に述べた「施論・戒論・生天論」の「三論」を説き、第二に、諸欲の禍悪と離欲の功徳を説き、第三に、仏教独自の「法」としての「四諦《したい》・十二因縁・八正道」を説くという導き方である。

2 「持戒」の第一は「不殺生・非暴力」

「仏教」は〝仏陀によって説かれた教え〟であり、同時に私たちめいめいが〝仏陀（覚者）に成るための教え〟である。〝仏陀に成る〟ことを、「成仏」という。だから、仏教は「成仏」を第一義とする教えである。成仏を現世で果たすのが「現生《げんしょう》成仏」である。「即身成仏」を説く真言宗や、「見性《けんしょう》成仏」を説く禅宗が、それである。これに対して、末世《まっせ》の劣機（劣った素質の者）の我々はとうてい此土《しど》（この娑婆国土）では、成仏できないとして、来世で極楽浄土に往生（往いて生まれて）して、よい素質に生まれ変わって、そこで修行して仏に成る、と考える浄土教の考え方を、「隔生《かくしょう》成仏」という。ともあれ、仏教の眼目は「成仏」である。

その成仏のことを、中国語では、また「成道《じょうどう》」ともいう。その「成道」の要訣（肝腎要《かなめ》の秘訣）が「戒・定・慧の三学」である。そこで、「戒・定・慧の三学は成道の要訣なり。至心に修持せよ」と言うのである。私たちの次のテーマは、その「三学」について学ぶことである。

「三学」の第一が「持戒」（戒を持《たも》つこと）である。そして、それを先の「次第説法」において見てみると、それはまず在家信者に対して課せられる、次の「五戒」であった。

それは「不殺生《ふせっしょう》」（生き物を殺さない）「不偸盗《ふちゅうとう》」（他人の物を盗まない）「不邪淫《ふじゃいん》」（邪し

まな性交をしない）「不《ふ》妄語《もうご》」（嘘をつかない）「不《ふ》飲酒《おんじゅ》」（酒を飲まない）の五つの制戒であった。

これは、仏教とほぼ同時に興ったジャイナ教でも、「無傷害・不妄語・不偸盗・不淫・無所得（無所有）」の五戒として唱えられた。仏教でも、先の在家の「不邪淫」に対して、出家では「不淫」とされた。違うのは、仏教の「不飲酒」に対するジャイナ教の「無所得」である。初期ジャイナ教では、特に「無傷害」と「無所得」とが強調されたという。云く、「過去・現在・未来の仏陀・阿羅漢のすべてが、『すべての生きとし生けるものは殺害損傷されるべきでない』と説いた。これは未来永劫《ようごう》に変わらぬ法である」「みずから暴力を振わず、人をしてさせず、人がするのを許さない、これはもろもろの聖賢によって説かれた道である」。

マハトマ・ガンジーが徹底した「アヒンサー」（不殺生・非暴力）の人であったことは、よく知られている。これは、インドの宗教の尊い伝統である。アメリカのピューリタンの「愛と純潔」と「禁酒禁煙」の伝統のように。

ここであえて脱線して、読者各位に訴えたいことが幾つかある。それはテレビで刑事たちが「被疑者を落とす」と称する、取り調べのさいのあの言動の乱暴さ、いや一種の暴力である。電球を被疑者の眼球に突きつける、机を叩いてどなる、はては長時間眠らせないで自白を強要する。新憲法で警察官は国民の公僕になったはずであるのに、まるで旧憲法時代の誤った天皇の官吏意識を思わせるような、居丈高な取り調べぶりである。最後にはこうした半暴力の自白強要で落とした被疑者が、実は無実であった、ということになる。あるいは、初めからそんなストーリーの伏線としての警官の乱暴という、テレビ作者の故意の設定なら、これはテレビの絵空事である。ひっきょう芝居ではないか。何も事荒立て騒ぐことはない、ということになろう。しかし、それにしては無実への伏線というばあいでないのに、そんな取り調べの場面がテレビではよく出てくる。民主警察のはずの今日でも、相手が半囚われ人の被疑者となると、ついこんな人権無視の乱暴が、あるいはひょっとして現実に存在するのではないか、と考えると恐ろしくなる。あれは恐らくテレビの上の作りごとなのであろう。しかし、もしまだどこかの国であんなことが行なわれているとすると、それは、明らかに、人間が人間に対する態度ではない。

思ってもみよ、その警官の息子が非行に走ることもあろう、いや、警官自身が弱い人間である。立場が変われば、いつ罪を犯さないとも限らない。「我、賢きにあらず、彼、愚かなるにあらず」と言われた聖徳太子のお言葉を、我他人《われひと》ともにかみしめて、互いに自戒し合うべきである。

そう思うと、仏教国に「死刑」というようなことがあるのは何としてもおかしい、と言わなければならない。「人が人を裁く」のでさえ恐れ慎まなければならないのに、「人が人を殺す」死刑というような制度は、仏教徒にとってどう考えても許されないことである。たとえ国法の名においても、人間にはそんな権利は断じてない。

まして、「戦争」となると、もはや論外である。私たち日本の仏教徒は、もう二度と、どんな意味でも、戦争に手をかしてはならない、と思う。「持戒」の第一は「非暴力・不殺生」の制戒である。「アヒンサー」、ここから私たちの「持戒」の行は始まる。

3　大乗菩薩戒と小乗比丘戒

貞応二年（一二二三）道元禅師は、師の建仁寺《けんにんじ》明全《みょうぜん》禅師とともに京都を発ち、入宋の途についた。三月下旬、博多を出帆、四月初めに宋国の明州の慶元府に着いたが、なぜかすぐに上陸しないで、三カ月ほど船中に留まっていた。そのあいだに、日本の椎茸を買いに来た阿育王山の老典座《てんぞ》との有名な出逢いがあったことはよく知られている。

師の明全禅師は、船が着くとすぐに上陸して天童山の禅堂に掛搭《かとう》しているのに、道元禅師だけがなぜ三カ月も船に留まったのだろうか。一説によると、明全禅師は入宋に先立って、それまでの比叡山天台宗の戒だけでなしに、わざわざ奈良に赴いて鑑真和上《がんじんわじょう》伝来の戒を受けてきたので、すんなり道場入りが認められたが、道元禅師はその信念から比叡山の「一向大乗戒」で通したので、中国では日本天台宗の戒は認められず、新発意《しんぼち》扱いをされた、禅師はそれに対して厳しく抗議した、それが三カ月船内逗留の原因であったともいう。

比叡山を開いた伝教大師最澄は、いつまでも奈良での受戒によるのでなければ僧侶と認められないことにプロテスト（抗議）して、比叡山での独自の受戒で僧侶として認められることを朝廷に願い出たが、奈良仏教の反対で、大師の遷化《せんげ》後にやっと認められた。最澄は奈良の戒を「小乗戒」として退け、自身の伝えた「大乗戒」だけで僧侶となれると主張した。だが、当時の宋国では、奈良の戒は認めても比叡の戒は認めなかった。しかし、道元禅師はあくまで最澄の「一向大乗戒」を正伝の戒として、逆に鑑真伝来の中国の南山律宗の戒を、正統の戒でないとして否定した。これは入宋中も帰朝後も終始変わらぬ、禅師の「仏戒」に対する思想的立場であった。ただ禅師は帰朝後は、入宋伝法沙門として、天童如浄禅師に伝えられた戒を本流としたけれども。

道元禅師は言う、「先師《せんじ》云く、『薬山の高沙弥は〈比丘戒〉は受けざりしも、また仏祖正伝の〈仏戒〉を受けざりしにはあらず』」（『宝慶記』）、「〈比丘戒〉を受けざる祖師はあれども、この仏祖正伝の〈菩薩戒〉を受けざる祖師、いまだあらず、かならず受戒するなり」（『正法眼蔵』）。

私も、道元禅師に倣って、「一向大乗戒」で僧侶になれる、という思想を抱いている。ただし日本の禅門では、建仁寺の栄西《ようさい》禅師が、「この宗は戒の大・小を選ばず、ひとえに持戒梵行を尚《たっと》ぶなり」として、その当時の中国禅宗の考え方に従って「大・小乗戒兼修」の立場を取り、せっかくの日本天台の「一向大乗戒」の伝統を中断したが、私はこれを意識的に元に戻して、「大乗戒」一本で僧侶として世に立ち得る、という思想を明確にしたいと願っている。それは道元禅師の先蹤に倣おうとするのである。ただし、禅師は私と違って、実際の行履《あんり》の上では、私淑した栄西僧上以来の小乗戒の梵行を厳守したが、私は思想的にも実践の上でも、「一向大乗戒」で通したいと思っている。

話が私事にわたって恐縮であるが、だから私は得度を受けて臨済宗妙心寺派の僧籍に入ったときにも、はっきり小乗比丘戒を捨棄して、大乗菩薩戒一本で受戒得度した。それには、こんなことがあった。私はまず厳師大森的翁老漢を通して山田太室老師に得度を願い出た。そのときに太室老師は、「秋月先生、妻子を離別するかな」と言われたという。的翁老漢は即座に、「それはしないだろう。あの男は戒について独自の思想を持っているから、そのことは聞くまでもない」と答えられたらしい。すると太室老師は、「それでは衲《わし》の弟子は困る」と言われた。的翁老漢は、「なら仕方がない。衲が得度式をしよう」と答えて、話を打ち切られた。その日、九段会館での講演を終えられた太室老師は、帰りに的翁老漢に、「秋月先生の話は、やはり衲が引き受けよう」と言われた。こんなわけで、私は「一向大乗戒」だけで受戒得度をして、僧侶となった。

そんな私は、のちに何としても道元禅師伝来の戒を受けたいと思って、般若道場での法《ほっ》叔《しゅく》に当たる永平寺貫首の秦《はた》慧《え》玉《ぎょく》禅師に願い出た。禅師はその場で許された。ご自坊の田中寺で受戒の式をお願いしたが、式は次の機会に本山でと言われた。「むろん、あなただけ別室で授戒します」とおっしゃってくださったが、ついにその機会はもてなかった。だから形式的な儀式はすんでいないが、私は心の中では道元禅師の「仏祖正伝の菩薩戒」を受戒し得たものと信じている。

4　坐禅のない仏教などあり得ない

「禅とキリスト教懇談会」という、毎夏もう二十年以上も続いている会合がある。私は数年来欠席しているが、去年も「悟り」というテーマで、禅者（臨済宗と曹洞宗）とキリスト者（カトリックとプロテスタント）の会員が二泊三日話し合ったという。その会から帰って来た八木誠一さんが、電話をくれて、「今年の会は臨済宗と曹洞宗の違いがはっきりして面白かった」という。「臨済宗は公案で修行して悟りを開くというが、悟りが第一なら坐禅はどうしても必要か」と訊いたら、臨済のある宗匠が、はっきり「必要ではない」

と言った、というのである。この話を聞いて、私は「困ったな」と思った。その臨済宗の宗匠は、仏教における「坐禅」のほんとうの意味を、みずからよく理解し得ていないのではないか、少なくとも充分に他に説明し得ていない、と思ったからである。

私は常に、私が多年指導している財団法人東大仏教青年会の禅会で言う——坐禅は精神修養でも、人格完成の道でもない。また、自我の救いのためでも、悟るための手段でもない。坐禅は、その自我の徹底否定（自我の「空」すなわち「無我」の実現）の修行である。すなわち「坐禅」は〝無我の実践行〟である。「自我」が「空」ぜられ「無我」が実現されたとき、そこに「無我の我」（讃美歌にいわゆる「我ならぬ我」）としての「本来の自己」（真人）が現成《げんじょう》する。それが「仏」（仏陀）である。だから、坐禅は「仏作《ぶっさ》仏行《ぶつぎょう》」なのだ、と。

仏教は、〝仏陀が説かれた教え〟であると同時に、私たち〝衆生が仏に成るための道〟である。だから、私たちは、「本来の自己」に目覚めて、「仏」（覚者）として生きるのでなければならない。ここで大事なことはその「本来の自己」は「自我」の「空」すなわち「無我」のときに現成するということである。これを「法《ダンマ》が露《あら》わになる」という。そしてほかならぬその「無我」の心境の実現こそが、「坐禅」の本義なのである。私たちは坐禅のときに、みずからを「仏」として実現成就し、自覚体認するのである。だから、坐禅のない仏教などあり得ないはずである。

道元禅師はそうした「坐禅」を説いたのであって、このことは誰にも否定できない、臨済宗の禅者であっても。無難《むなん》禅師に「せぬ時の坐禅」の語がある。般若（智慧《ちえ》）は常に禅《ぜん》定《じょう》（坐禅）とともにある。禅定ぬきの智慧は仏陀の「悟り」ではない。いたずらに「臨済宗」の「曹洞宗」のと異を立てて、「純一の仏法」を見失う愚行を犯してはならないと思う。臨済も曹洞も、まったく「一味の禅」なのである。「定慧《じょうえ》一等《いっとう》」（六祖慧能《えのう》）こそが禅仏教の本質である。

5　道元禅師の坐禅観

しかし、道元禅と白隠禅とは、修行の仕方が一見して違う。坐禅観が異なるように見える。私も先年、「般若」という〝悟り〟を中心に考えてみると、「般若の前（プレ－プラジュニャー）の坐禅」と、「般若の後（ポスト－プラジュニャー）の坐禅」とに分かれる、前者が白隠の説く坐禅で、後者が道元の説く坐禅である、と書いたことがある。

道元禅師は〝衆生（人間）は、本来成仏している、すなわち仏（覚者）である〟（『円覚経』の語、これこそが「般若」の本義である）という「本証」の立場に立って、「みずから仏として坐る」という坐禅を主張した。だから、きょう初めて坐禅した人の坐禅も、釈尊や達磨の坐禅も、同じだと言う。ふつうに考えれば、衆生として初めて習って坐った初心者の坐禅と、永年坐って仏としての仏性を実現した久参底《きゅうさんてい》の坐禅とは違う、と考えるのが当然である。しかし、それは坐禅する主体を衆生と考えるからで、常に「仏」の立場からものを考える道元にとっては、両者は仏としての坐禅としては何の違いもない、と言い切るのである。

自分で悟ったという自覚――これを「始覚」という――があってもなくても、人間みんな本来悟っている仏――これを「本覚」という――なのだ。だから、坐る主体は、まだ悟っていない衆生ではなくて、すでに悟っている仏なのだ、坐禅はその仏の行為、すなわち仏作仏行なのである。これが道元禅の坐禅観であり、真正の仏教の坐禅観である。

そして、これこそが「〈本証〉が〈妙修〉する」という、道元禅の基本思想である。「本証」（本覚）だけなら、すでに禅師が少年時代から学んだ比叡山の「天台本覚門」の思想で宣《の》べられていたことであるが、禅師はその「本証」が自発自展して「妙修」すると主張したのである。そして、それを、禅師は「正伝の仏法」と言った。私はそこに「〈般若〉が〈波羅蜜多〉する」という「仏教思想の原点」を見るのである。私が臨済宗の僧籍にありながら、『正法眼蔵』について、縁あるごとにペンを執るのは、ただこの禅師の「般若仏法」を尊重するためである。

「本証」が主体となって、「妙修」を実践する。それが「只管打坐」である。だから、「只管」を〝ひたすら〟と訳さないほうがよい。「ひたすら」というと、凡夫衆生が強情的努力で、ひたすら努めるというふうに取れるからである。「只管」は〝ただ〟と訳す。〝ただ坐る〟のである。すなわち「悟り」とか「成仏」とかを目的として坐るのではない。それでは〝ただ〟ではない。坐禅が手段になってしまう。だから、坐禅は、肉体の健康のためとか、精神の修養のためとか、悟って仏と成るためとか、何かのために坐るのではない。ただ（只管）坐るのである。「ただ」は、無心・無我の行《ぎょう》である。仏が坐る仏行である。

だから、道元禅師は言う、「焼香も礼拝も念仏も懺悔《さんげ》も読経も、いっさい要らない。ただ坐禅して身心脱落せよ」。これも、「坐禅」を手段として、目的の「身心脱落」の境地に到れ、というのではない。今、そこで、あなたが坐っている、その坐禅が、そのまま「身心脱落」であるような坐禅をせよというのである。どこまでも坐禅の主体は衆生ではなく仏である。

ここまで来ると、ただちに次の思想がついてくる。それなら「只管」は何も「坐」に限らない。「行・住・坐・臥」の四威儀が、「只管」行《ぎょう》でなければならない。これを「威儀即仏法、作法是れ宗旨」という。そこに、洗面が、洗浄が、料理を作ることが、食事をすることが、ただちにそのまま「本証の妙修」であり、「般若《さとり》」の自発自展（波羅蜜多＝完成）

であるという、禅師の生活禅の主張がある。換言すれば、これが『法華経』にいわゆる「治生産業」(実生活の営み)すべて「仏の行持」という、大乗仏教の在家仏法への展開となる。

6　現代の曹洞宗の宗学者の一部の白隠禅批判

ここから、今日の曹洞宗――道元禅師は「禅宗」という呼称を「仏道を乱す」ものであるとして退け、「曹洞宗」などというのは、「仏法にあらず、祖師道にあらざるなり」と言明しているのだから、明治以降のこの宗名そのものが変なものだと考えられるが――の宗学者の一部に、臨済宗に対する強い批判が出て来る。云く、「今さら改めて見性して自身の仏性を確かめるまでもなく」「すでに先哲によって確証されていることを、ふたたび検討し直すには及ばぬ」「それでは仏説経説を信じておらぬことになる」。こうして論者は、道元禅は「信」を学道の基本とする、白隠禅は「疑」を学道の基本とするとして、臨済の「見性成仏」に対して曹洞の「信性成仏」を主張し、はては、だから白隠禅と道元禅では「宗教の次元」が違う、「道元は高く白隠は低い」とまで極言する向きさえある。

しかし、私はこれを白隠禅に対する誤解だと思う。白隠禅師はその『坐禅和讃』の冒頭に、「衆生本来仏なり」と歌い出し、中ほどで「直《じき》に自性《じしょう》を証すれば」と言って「因果一如（生仏一如・修証一等）の門開け」と呼応して、最後に「この身このまま仏なり」（即身成仏）と歌い納めている。だから「本覚」（本証）門の立場を基本とすることは、道元禅も白隠禅も、まったく同じである。

論者はさらに言うであろう――白隠禅では「衆生本来仏なり」と言っても、その「信」は徹底せず、実際には空手形に終わっている。その証拠には、「実際の修行の場合、我々の現実は仏でなく、煩悩具足の衆生として修行させている」ではないか。それでは「思想的には本覚門、実践的には始覚門」で、思想と実践とにズレがある。この思想（教理）と実践（修道）における不徹底を清算して、「仏の立場に立ちきる修行」に徹したのが道元禅師である。それが「信の仏法」としての「本証妙修――不染汚《ふぜんま》の修証」の説である、と。

こうして、見性禅（中国の大慧、日本の白隠）は、「己れを衆生の立場に引き下げ、改めて見性して成仏せよ」と説くから、「生仏《しょうぶつ》（衆生と仏）相対」であり「修証《しゅしょう》二元」であるとする。私は早くに、こうしたいわゆる「信の仏法」に対して、六祖慧能の「見性禅」の立場から、反批判を試みた。詳しくは小著『道元入門』（講談社現代新書）を見られたい。

私は、そうした「道元禅の亜流」の説は、道元禅師の『正法眼蔵』を読み誤ったものだと見ている。それは、幕末から明治にかけてのいわゆる「眼蔵家《げんぞうか》」たちの誤り、ひいては徳川期宗学の巨匠卍山《まんざん》の誤りを、今日でもいまだに踏襲しているものと見られ、その源流は遠く詮慧《せんね》・経豪の『御抄』に発するものと見ている。そのあらましは、いささか前記の小著に述べたが、大事なことなので、詳しくは別著で改めて論じて、大方の批判を得たいと考えている。ここには、白隠禅師その人の主張に帰って、その坐禅観を見るに止めたい。

7 白隠禅師の坐禅観

白隠禅師は言う、――衆生本来仏だ、本証の妙修だ、結構である。真の坐禅は、仏の坐禅でなければならない、結構である。しかし、そんなことを言っても、現実には、煩悩熾《し》盛《じよう》の衆生が、ヌケガラ坐禅をして、居眠りをしているか、妄想瞑想にふけっているではないか。そんな坐禅で、身心脱落と言えるか。坐れば仏だなどという観念禅で、君たちはほんとうに救われたと言えるのか。

どうしても一度、座蒲団の上で徹底的に死に切って、仏として目覚める体験がなければ仏法とは言えない。仏教は覚者の道である。観念禅・口頭禅では、仏法は滅びてしまう。だから、白隠禅師は、自身で「大疑」を起こせと叫ぶ。破戒無慚のこの私にも、釈尊が言われたような「仏性」があるのだろうか。趙州和尚は、こうした僧の真摯な問いに対して、「無!」と言った。この「無」の一字は、いったいどういうことか、と。一則の「公案」を昼夜片時も離さず胸に提《ひつさ》げて、自己を究明する。まずここから始めよ、と。

私たちの道場では、曹洞宗で『修証義』を読誦《どくじゅ》するように、『無門関』第一則、「趙州無字」の全文をみんなでいっせいに訓読する。そして、あの「評唱」で無門慧開《えかい》和尚が言っているとおりに、「無字」の公案を参究する。坐禅をして、「無字」の公案を参究する。「無」の一字に身心を集中して、「無字」三昧《ざんまい》の境地に入る。初め客感を払う、次いで主感を払う。そして主客未分の「無相定《じょう》」、すなわち「打成一片《たじょういっぺん》」の境地に入る。「絶対無」の現成《げんじょう》である。そして、その「無」が何らかの感覚の縁に触れて、「驀然打発《まくねんたはつ》」する。そこに一種の直覚がひらめく。「天地と一体・万物と同根」という「物我一如《もつがいちにょ》」の自覚に出る。これが「無位の真人」（無相の自己）の自覚体認である。それは、釈尊が菩提樹下《ぼだいじゅげ》の禅定三昧の中に、暁の明星の瞬きを見て、大覚を成就された、あの「霊性的自覚」の追体験である。この「悟り」経験なしに仏教はない。

白隠禅というと、人々はまずこの「見性」経験の強調を思う。しかし、白隠禅はこれだけに尽きない。道元禅師は言う、「仏道とは自己を習うことである。自己を習うというのは、自己を忘れる（打成一片、禅定三昧）ことである。自己を忘れるというのは、万法《すべてのもの》に真実の本来の自己が実証される（驀然打発、見性）ことである。万法に実証されるというのは、自己の身心《しんじん》（たとえば釈尊）と他己の身心（暁の明星）を脱落（物我一如）させることである」。

これが「悟り」経験である、「見性」（成仏）である。しかし、ほんとうの「悟り」（「般若」の「波羅蜜多」）は、これだけに尽きない。これはまだ道元禅師のいう「暫時の伎倆」である。だから、禅師は先の文に続けて、「悟《ご》迹《しゃく》の休歇《きゅうけつ》なるあり」「〈休歇なる悟迹〉を長々出ならしむ」と言っている。悟後の修行の大事である。白隠禅師もまた、このことを言う。だから彼は、「公案」に「教育の体系」を作って、悟るための「法身《ほっしん》」の公案だけでなくて、「機関・言詮《ごんせん》・難透・向上」というさまざまな公案を課するのである。これは、師匠の正受《しょうじゅ》老人が、「まだ正念《しょうねん》を決定《けつじょう》していない人は、早く決定せよ。そして正念を決定したら、その正念を不断に相続せよ」と言って、「悟り」（正念の決定）とその「悟りの後の修行」（正念の相続）を強調したことを受けたもので、白隠の「公案体系」は、正受のこの二つの大事を忘れると、まったくの公案かせぎ、概念思想の遊戯となって、その人の禅的人格の形成の力とはならない。

　この「正念の決定」という〝見る〟という「悟り」と、「正念の相続」という、その見たものがいかに〝身につく〟かという「悟後の修行」と、白隠禅の修行にはこの両面がある。そこで、彼は坐禅の「静《じょう》中の工夫」とともに、日常生活の中の「動中の工夫」を強調してやまなかった。これをまた「する時の坐禅」に対して「せぬ時の坐禅」ともいう。「威儀即仏法、作法是れ宗旨」である。生活即坐禅である。私はここに中国「祖師禅」の精華を見る。

だから、道元禅と白隠禅は、入り口は違っているようでいて、結局は同じところをねらっているのである。「君子は千里同風」である。「一味の禅」、「純一の仏法」である。

両者は互いに相補い合っていくべきものであり、いたずらに「臨済宗」の「曹洞宗」のと争って、外国の好人《こうにん》の嘲りを受けてはなるまい。わずかな欧米旅行の経験ではあるが、よく「大拙スズキの禅は臨済宗だ、もう一つ道元の曹洞宗がある」と、ことさらに異を立てて説かれたり、「私たちのところは、その臨済と曹洞とを止揚した禅だ」などと言って、売り込んだりしている向きがあるが、外国の識者の嘲笑を買う以外に何の効果もない。心して互いに自戒すべきである。

三　四弘の誓願が菩薩の本誓である

1　小乗の「羅漢」と大乗の「菩薩」

「菩薩」という語は、古代インド語の俗語であるパーリ語の「ボーディ・サッタ」の漢字音写「菩提薩埵《ぼだいさった》」の省略語であると言われる。しかし、あるいは、西域経由でなまって伝えられた「ボー・サ」の音写語であって、必ずしも「ボーディ・サッタ」の省略語ではないかもしれない。ともあれ、「菩薩」の原語は、本来インド語の雅語であるサンスクリット語の「ボーディ・サットヴァ」であり、「菩提《ボーディ》」は、〝悟り〟すなわち〝覚〟を意味し、「薩埵《サットヴァ》」は、〝衆生・有情〟を意味するから、菩提薩埵は、「覚有情」とも訳される。これを、素直に解すれば、〝悟りの人〟の意となり、そうなれば、「覚者」すなわち「仏」と同義語となる。しかし、仏伝文学において、「菩薩」の語が使われたときには、〝悟りを求める人〟すなわち〝求道者《ぐどうしゃ》〟を意味していた。それも、単に〝悟りを求める求道者〟というだけではなくて、〝将来必ず悟りを得て仏になるべく定められた求道者〟の意であったと考えられる。すなわち〝仏陀の候補生〟である。それが、やがて大乗仏教が起こったときに、大乗の人々は、それまでの小乗仏教の〝悟りの最高位者〟であった「アルハット」すなわち「阿羅漢」(羅漢)と区別して、自分たちを「菩薩」と呼んだ。彼らは、自分たちもシャーキヤムニと同じく、必ず〝悟って仏になることのできる者〟と考えたからである。

ともあれ、「菩薩」は〝大乗の行者〟である。

では、大乗の「菩薩」と小乗の「羅漢」と、どう違うのか。小乗の聖者は、ひたすら自己の悟り、自己の救い、自己の完成を求める。すなわち「自利」を先とする。それに対して、大乗の行者は、自己の救い、自己の完成よりも、まず先に他者の救いを願う。すなわち「利他」を先とする。小乗の聖者は、みずからの悟りの完成を求めて、ひたすら「自覚」の道を歩む。それに対して、大乗の菩薩は、先に他をして悟らしめる、他の救いを願って、ひたすら「覚他」の道を歩むのである。いや、大乗の行者の願いは、「自覚・覚他、覚行究満」と言われる。他をして悟らしめ、他の救いに励むことが、とりもなおさず、「自己の悟りの完成」であり、真に自己を救う道であると信じて、精進するのである。

これを「自未得度先度他」という。道元禅師の、「己れ未だ度《わた》らざるに、先に他を度さんと欲し営むなり」である。

2　上ぼり道としての「三学」

「仏教」は、〝仏陀の説かれた教え〟であり、我々めいめいが〝仏陀に成るための教え〟である。禅もまた「仏教」であるから、当然「成仏」が目的である、〝仏に成る〟ことである。「仏」とは、〝覚者〟である。だから、仏教は、悟って「仏」に成ることを目的とする。では、どのようにして悟るか。我々はすでに、そのことについて、「戒《かい》・定《じょう》・慧《え》の三学」ということを学んできた。そして、それを、私たちは、これまで「戒」から「定」へ、「定」から「慧」へという「上ぼり道」で解してきた。

まず、「戒」を持《たも》つ。中国には、「性善説」とか「性悪説」とかいう考え方がある。人の本性は善であるか、また悪であるか、というのである。しかし、中国の儒教では、孟子の説いた「性善説」が、人の心を捉え、多くの人の支持を得た。今、ここに「戒」を持って、徳を身につけた聖者がいるとすると、人々は皆その人を尊敬する。たとえ自分は「戒」が持てなくとも、戒を持った徳ある人を、心のなかで素直に尊敬する。どうも人の本性は「善」であるらしい。だから、「戒」を持った徳のある人を尊敬する。それはそれで悪くはない。けれども、仏教は、確かに「持戒」ということを大切にして説くけれども、「持戒」はそれだけで仏教の目的なのではない。「持戒」は、「三学」の一つである。結論的に言うならば、「持戒」は持戒だけで意味があるのではなくて、次の「禅定《ぜんじょう》」を体得するために、まず持戒が必要だというのが、仏教における「持戒」の意味なのである。

では、「持戒」とは何か。「禅定」とは何か。「禅定」と言うのは、インド語の「ディヤーナ」を漢字で音写して、「禅那」と訳した。そして、下の「那」の字を落として「禅」とした。さらに、その意味を「定《じょう》」として、先の「禅」の字に、この「定」の字を付け加えて、「禅定」という語を作った。上の「禅」でインド語を音写し、下の「定」で、漢語としての意訳を加えるという、こうした翻訳の仕方を「梵漢兼挙《けんこ》」と言った。梵語と漢語の二字を兼ねて、「ディヤーナ」を「禅定」と漢訳したのである。また、次にいう同義の「三昧《ざんまい》」を「定」と意訳することもある。

今日、世界的に有名になっている「ヨーガ」という語がある。漢訳仏教で「瑜伽《ゆが》」という。これも、「禅定」と呼ばれるものと、内実は同じである。また、「読書三昧」などと言って、本を読むことになりきっている姿などを「三昧」というが、この「三昧」（インド語で「サマーディ」）というのも、内実は同じものである。後世の、いわゆる「ヨーガ」の書における使い方では、「ヨーガ」と「ディヤーナ」と「サマーディ」とに、微妙なニュアンスの違いがあるが、しかし、一般的に言うならば、「瑜伽」と「三昧」と「禅定」とは、ほぼ等しいものと考えてよい。

「禅定」を、よく〝精神の統一〟だと説明されるが、厳密に言えば〝身心《しんじん》の統一〟（仏教では必ず「身心」と「身」の字を上に書く。「心身」とは書かない）である。それはまた、先の「定」の字が示すように、〝身心の安定〟である。要するに、〝身心の安定・集中・統一〟の状態を「禅定」というのである。

私は、よく「禅定」は、〝「無我」の実践行〟であると説明する。「自我」が自我のままで、身心を安定統一して、精神を集中し、身体を安定させても、それでは「禅定」にはならない。禅定の主体は「無我の我」でなければならないからである。「禅定」というのは、早い話が〝坐禅〟である。「坐禅」というのは、足を組んで両膝と尾骶骨で底面に二等辺三角形を作って、その三角形の中心に重心を落として、その上に上体を真っ直に立てて、いわゆる三角垂体を作って坐ることである。それを「する時の坐禅」という。その姿で〝身心を安定統一〟させて、自我を「空」じて「無我」になる。その〝身心の統一・安定〟のことを、「坐り」という。独楽《こま》がほんとうに回っているときは、けっしてひょろひょろ動かない。一点に静止しているようで、それでいて純粋に動いている。そうした「動静《どうじょう》一如《いちにょ》」の心境を、「坐る」というのである。俗に、「独楽が坐る」というのが、それである。それをまたある地方では、「独楽が澄む」という。そうした人間のフル回転の純粋活動の姿を「禅定」というのである。それなら、足を組んで坐ったときの「する時の坐禅」だけではなくて、足を組んで坐っていないときの日常ふだんの働きのなかにも、「せぬ時の坐禅」がなければならないはずである。いわゆる「する時の坐禅」は、ただこの「せぬ時の坐禅」のために力を培う手段である。いや、この手段そのものがそのまま目的なのである。

そうした「無我」の境地のときに、ほんとうの「自己」が働くのである。そこで、我々は「本来の自己」に目覚める。これが「智慧」であり、「悟り」である。

だから、仏教では、「禅定」もまた、「持戒」と同じく、それだけで目的なのではない。仏教にとって、肝腎なことは、「成仏」である、「仏に成る」ことである。「仏」というのは、〝目覚めた人〟の意である。その「目覚め」すなわち「般若」(悟りの智慧)は、そうした「禅定」においてのみ親しく体験されるのである。そして、その「禅定」に入るためには、生活が乱れていてはいけないから、「持戒」で、戒を持《たも》って、自ら誓って生活を規制するのである。このようにして、仏教は、「戒から定へ、定から慧へ」という、三学の実践を説く。こうした三学の実践を、「上ぼり道」と言うのである。

3　下だり道としての「三学」

「戒」から「定」へ、「定」から「慧」へという道で、「仏に成る」ということを見てきたが、実はまだ、これだけでは「仏教以前」と言うべきであって、真に「仏教の三学」とは言えないという仔細がある。

では、ほんとうの仏教の「三学」とは、どういうことか。ここで、私は「下だり道」としての「三学」について述べなければならない。下だり道としての「三学」というのは、我々が、最初に見た仏法の第一義としての「摩訶般若波羅蜜多」のことである。私はそれを、「般若」が自発自展して「波羅蜜多」(完成)する、と言う。

『伝光録』のなかに、「釈迦牟尼仏、明星を見て、悟道して云く、〈我と大地の有情と、同時に成道す〉」とある。釈迦牟尼仏は、沙門となって、初めは「苦行」をしたが、苦行では悟れないと知って、「ヨーガ」を実践した。すなわち菩提樹下のもとで、結跏趺坐《けっかふざ》して「禅定」を修した。そして、深い禅定経験のなかで我を忘れていたときに、暁の明星の瞬きを一見して、悟った。そのとき、釈尊は、「我と大地の有情と、同時に成道した」と言ったというのである。

自己と明星と、同時に成道した。自己が成道したとき、同時に「山川草木、悉皆成仏」した。そう言ったというのである。私の本師、山田無文老師は、釈尊が、明星を見て悟ったときに、「あっ！　私が光っている」と叫んだに違いないと、よく言われた。明星と我と「同時成道」ということは、明星と我と「物我《もつが》一如《いちにょ》」ということである。深い禅定のなかに、自我を「空」じて「無我」になっていたときに、「〈空〉とは〈自他不二《ふに》〉」ということ、すなわち自己と明星が「不二」（一如）であるという境地を自覚した。そこを、「私が光っている」と言ったのである。そのばあいの「私」は、けっして自・他という差別においてある「他」に対する「自」ではなく、「自他不二」という平等の「無相の自己」の体験の体認自覚である。これが「慧」である。

禅者は、こうした体験の妙境を、よく「自我がなければ、すべてが自己である」と言う。「自我《エゴ》」を「空」じて「無我」になったとき、すべてが「自己《セルフ》」である。そこに「不二の法門」が開ける。「自他不二」であれば、〝他人の痛み〟が、そのまま〝自己の痛み〟である。そのとき、宮沢賢治が言うように、「世界がぜんたい幸福にならなければ、個人の幸福はあり得ない」。そこで、「般若」（智慧）は、自発自展して、「波羅蜜多」（完成）せざるを得ない。そこに、「衆生無辺誓願度」という、無限の衆生を仏にせずにはやまない菩薩の「願」が起こってくる。「衆生無辺誓願度、煩悩無尽誓願断、法門無量誓願学、仏道無上誓願成」、これを菩薩の総願という。「悟った人」である菩薩は、すべて必ずこの願に生きる。その「願」が行《ぎょう》になったところに、「般若の波羅蜜多」（般若の完成）行《ぎょう》としての、「持戒波羅蜜多」（持戒の完成）が生じ、そこに「禅定波羅蜜多」（禅定の完成）が生ずる。「慧から戒へ、慧から定へ」である。これを「下だり道」と言う。道元禅師はここを「本証が妙修する」と言ったのである。

ここまできて、はじめて私が先に述べた「道元禅」の下だり道と「白隠禅」の上ぼり道という強調点の違いということが、はっきりする。だから、「仏教」の本来の説き方からすれば、道元禅師の説くところこそ、まさしく「正伝《しょうでん》の仏法」そのものなのである。白隠禅師はただそれが観念禅に終わらないように、あえて上ぼり道の修行を強調したのである。

4　菩薩の総願としての「四弘の誓願」

私は、〝悟り（菩提《ボーディ》）の人（薩埵《サッタ》）〟である「菩薩」は、一切の衆生を救おうという「願」に生きる、そこに「菩薩の総願」としての「四弘《しぐ》の誓願」があると言った。個々の菩薩は、それぞれの時・処・位に応じて、各自の独自の「別願」をもつが、菩薩なら必ず総じて「四弘の誓願」に生きるのである。だから、私たちは「四弘の誓願は我らの本誓《ほんぜい》なり。至心に奉行せよ」と言うのである。

次に、その四つの弘大な願について述べてみる。

第一に、「衆生無辺誓願度」（衆生は無辺なり、誓って度《ど》せんことを願う）というのは、数限りない無辺の衆生をすべて、迷いの此岸から悟りの彼岸へ渡そうという誓いであり願いである。これが「四弘の誓願」の中心である。だから、これを第一に置いたのである。「大乗」が「小乗」と違うところは、ただこの「利他」の願に生きるか否かにあることは、すでに詳しく説いたところである。

前にも述べたように、道元禅師に、「己れ未だ度《わた》らざるに、先に衆生を度さんと欲し営むなり」という、美しい言葉がある。衆生は迷いの「此岸」に住む、それに対して悟った仏の住むのが「彼岸」である。その彼岸に人々を渡すことを「度《ど》衆生《しゅじょう》」（略して「度《ど》生《しょう》」）という。それで「度」の字は、サンズイを付けた「渡」の字と同義となる。〝渡す〟ことであり、〝救う〟ことである。だから「救済」の「済」の字とともに、衆生を「済度する」などと熟語として使われる。

「救う」というと、貧窮の人々に財物を寄付するとか、病気の人々のために病院を建てるとかいうことが考えられるが、それも救済には違いないが、仏教でいう「衆生済度」というのは、〝衆生を迷いの此岸から悟りの彼岸へ度す〟と言われるように、人々を悟らせること（これを自ら覚る「自覚」に対して、他をして覚らせること、すなわち「覚他」という）をいう。だから、「小乗」が〝自覚〟すなわち「自利」（自分の利益）に重点を置くのに対して、「大乗」は〝覚他〟すなわち「利他」（他人を利益する）に重点を置くのである。そこを道元禅師は、「自己がまだ彼岸に渡らないのに、先に衆生を彼岸に渡そうと思い行動する」と言ったのである。問題は、そのように「欲し営む」という菩薩の「心」（これを「菩提心」という）である。

　なぜそのように「欲」するのか。それは仏教の「菩提」（覚り）そのものの本性によることである。このことはすでに述べたことであるが、大事なことなので、もう一度繰り返し述べておきたい。仏教の「悟り」（覚・証・悟）というのは、〝〈本来の自己〉の自覚〟である。そうした「悟り」は、どのようにして体得されるかというと、その方法論、実践の道が、先に述べた「三学」である。まず「戒」で自らの生活を規制する。そうした生活でよく調えられた身心を、「定《じょう》」で統一・安定させる。そうすると「無我」の境地に入り、その「無我」が働く。そこで「無我の我」という「本来の自己」を自覚するのである。これが「悟り」（菩提）である。この「無我」のことを、大乗では「空」という。「空」というのは、単なる「無我」ではない。「無我」（「無心」と言ってもよい）のところに働きがある。この「無我」の働き（「無心のところに働きがある」というのは、鈴木大拙先生の名言である）の主体の自覚を「悟り」というのである。それを「本来の自己」とも、「仏性《ぶっしょう》」とも、「無我の我」（無相の自己）とも、「無位の真人《しんにん》」ともいうのである。

それはどんな自己か。禅者はそれを体験的に、「自我《エゴ》がなくなると、すべてが自己《セルフ》になる」と言い表わす。大乗の教学では、そこを「〈空〉とは〈自他不二《ふに》〉」という。暁の明星と自己と「物我《もつが》一如《いちにょ》」である。自己と他己と「自他不二」である。「悟りの人」（菩薩）にとっては、「自我がないからすべてが自己である」。そのとき「他己」の痛みが即「自己」の痛みとして感じられて、じっとしておれないで、他己の痛みに同苦して、他の痛みをなくするために働かざるを得ない。そこに、「般若」の「智慧」が、そのまま「慈悲」として働くのである。そこを宮沢賢治は、「世界がぜんたい幸福にならないうちは、個人の幸福はあり得ない」と言ったのである。そこに「般若」（本来の自己の自覚）の自発自展としての「波羅蜜多」（完成・成就）という「菩薩行《ぎょう》」がある。それが「衆生無辺誓願度」である。

第二に、「煩悩無尽誓願断」（煩悩は無尽なり、誓って断ぜんことを願う）というのは、無辺の衆生を度するためには、衆生の無尽の煩悩を断ぜねばならない。それを誓って断じようと願うというのである。財物をもって人を救うのも、病院を建てて救おうというのも、衆生済度には違いないが、真の済度は衆生の煩悩を断じて涅槃を得させることである。

第三に、「法門無量誓願学」（法門は無量なり、誓って学ばんことを願う）というのは、一口に百八煩悩とも、また細かく八万四千もあるといわれる衆生の煩悩を断つ手だてとして、仏陀はこれまた八万四千の法門《おしえ》を準備された。その無量の法門を誓って学ぶことを願うというのである。

第四に、「仏道無上誓願成」（仏道は無上なり、誓って成ぜんことを願う）というのは、このようにして無上の仏道を誓って成就することを願うというのである。

釈定光《しゃくじょうこう》老師は、昭和の宗教改革者であったが、心の底で一宗の開宗として願った、「般若宗」の三綱領として、次のように定められた。私は、これくらい「禅仏教」について簡潔にまとまった綱領を知らない。それで、以上のように、老師の「三綱領」に随って、「禅仏教とは何か」ということを説いてきたのである。

三綱領

一、摩訶般若波羅蜜多《まかはんにゃはらみった》は仏道の第一義なり。至心《しいしん》に憶念せよ。

一、戒《かい》・定《じょう》・慧《え》の三学は成道《じょうどう》の要訣なり。至心に修持《しゅじ》せよ。

一、四弘《しぐ》の誓願は我らの本誓《ほんぜい》なり。至心に奉行せよ。

四　初めに大悲があった

1　「自己」からものを見ないで「世界」から見るということ

終戦直後の新聞に、「日本は今までの軍事国家から、これからは文化国家として生きていくのだ」という論が掲げられたとき、その「文化」の二字が懐しく、心から嬉しかった思い出がある。それから何年めであったろうか。西田幾多郎先生の『善の研究』が再版されたときに、神田の岩波書店の前にそれを買う人の列ができたという。それは、確か昭和二十二年か三年のことであった。その当時、西田門下の京都学派が戦時中の海軍協力のせいで、マッカーサー・パージで全滅状態であったなかで、ただ一人健在で、当時大いに西田哲学を挙揚《こよう》していた柳田謙十郎先生が、東大の学生たちに招かれて講演をしたことがあった。ある学生が、「西田哲学を一言で言うと、どうなるか」と質問した。そのとき、柳田先生が、「それは、自己からものを見ないで、世界からものを見る哲学である」と答えたのが、ひじょうに印象的であった。

突然こんなことを書き出したのには、理由がある。「四弘の誓願」などというと、皆さんはきっとそれを、個人の「意志」に関することだと考えられるであろう。しかし、私はそれを「個人の意志」でなく、まずそれは「世界の意志」であると言いたい。自己という「個」は、いわば「超個」なる世界の意志を、自らの意志として意志し、「個」として誓願するのだ、と言いたいからである。私はそういう「四弘の誓願」が、ほんとうの「菩薩の願」だと思うのである。

西田哲学に、「我々の自己（個）は、自己の底（脚下＝場所）に、自己を超えたもの（超個）に於《お》て、自己をもつ」というテーゼがある。これを「個」は「超個」に於て真の「個」をもつ、と言い換えてもよい。また、これを「個」は「超個」という「場所」に「於てあるもの」であると言ってもよい。そこで、「自己」からものを見ないで「世界」からものを見るというのは、「於てあるもの」からものを見ないで、「場所」からものを見る、「場所の論理」だと言ってもよい。

話がかたくなった。話を具体的にしよう。『般若心経』に、「色即是空、空即是色」という有名な語がある。「色《しき》」は、周知のように、早く言えば〝肉体〟のことである。そして、少し先に「受想行識も、またかくのごとし」とあって、「色」で言ったことは、また「受（感覚）・想（表象）・行（意志）・識（知識）」すなわち〝精神作用〟で言っても同様だというのであるから、「色」の一語に「受想行識」も含めて、「色」の一語を〝身心〟すなわち〝自我〟と解してよい。すなわち「色即是空」は、〝自我は空である〟の意味である。「色即是空、空即是色」とは、〝自我は空で、空は自我である〟ということである。それはどういうことか。「色」ないし「自我」は〝於てあるもの〟であり、「空」は〝場所〟である。私は『心経』のこの句を、西田哲学の「場所の論理」で考えてみたい。

先に「色」は〝肉体〟のことだと言ったが、より厳密には、〝眼の対象界〟のことで、〝色《いろ》〟があって〝形〟があって〝運動するもの〟をいう。それで、〝物質現象〟とか〝肉体〟とか訳されるのである。今それを文字どおりの〝色《いろ》〟と〝形〟と解してみる。そうすると、「色《しき》は空だ」ということを、次のように考えることができる。〝赤・橙・黄・緑・青・藍・菫〟という虹の七色は、〝空間〟という「場所」に「於てあるもの」として、「空間の自己限定」として捉えることができる。虹の〝七色〟は「有」（存在）であるが、〝空間〟は七色と同じ次元で存在するものではない。それは「有」でなく「無」である。しかし、この「無」なる〝空間〟がなければ、〝七色〟は存在し得ない。円形・方形・菱形等の〝形〟もまた同様である。〝空間〟は〝形〟と同じ次元で「有」なのではないが、その「無」なる〝空間〟がなければ〝形〟は考えられない。有なる〝形〟は無なる〝空間〟の自己限定として成立する。

「場所的論理」というのは、ものを見、ものを考えるのに、こうして「於てあるもの」からでなく、その「於てあるもの」の於てある（置かれている）「場所」から見、考えるという見方、考え方のことである。今、〝色〟や〝形〟と言ったものを、もう少し具体的に〝物質〟と考えてみると、どうなるか。そこで「物理学的空間」というものが成立する。そして、一切の〝物理現象〟は、そうした〝物理的世界〟なる「場所」の自己限定として捉えることができる。さらに、「於てあるもの」を、より具体的に〝生物〟と考えてみると、どうなるか。そこで「生物学的空間」というものが成立する。そして、一切の〝生物現象〟は、そうした〝生物的世界〟なる「場所」の自己限定として捉えることができる。ただし、「物理学的空間」は、空間の自己限定として片づくが、「生物学的空間」は、そういう一元的自己限定では片づかぬ。「生物」は「世界」ならぬ生物自体が「個物」的自己限定をするからである。そして、さらに〝生物〟がより具体的に〝人間〟になると、より複雑になってくる。そして、そこに「歴史的空間」という「歴史的現実」に於てある「個物」（真の「個」、人間実存）が考えられなければならない。

こうして「空間」が、〝色〟や〝形〟の於てある単なる「空間」から、「物理的空間」ないし「生物的空間」、さらに「歴史的空間」へと具体化する。そこでそうした「世界」（空間）に於てある「個」（人間実存）が考えられる。しかし、その世界はまだ「無」と言っても、「相対無」的空間であって、どこかに「有」的性格をもつが、それがさらに「宗教的世界」となると、その「無」は「絶対無」となり、そこに、「絶対無」的空間に於てある「個」、すなわち宗教的実存的、単独者的「個」(真の実存)が考えられる。

私は、そうした「歴史的現実」(西田哲学では「現実は根源をもつ」という)の根源なる「場所」、すなわち「絶対無的世界」から、大乗の菩薩の「四弘誓願」を考え直してみたいと思うのである。

摩訶般若波羅蜜多!

Ⅱ　日本に生きる伝統禅の二大派

一　日本禅宗の三派

1　日本黄檗宗

日本禅宗では「禅三派」という。日本曹洞宗・日本臨済宗・日本黄檗宗である。

そのうち黄檗宗は、徳川初期に明僧隠元《みんそういんげん》が中国から渡来して伝えたものである。隠元は初め臨済宗と称した。当時の日本の臨済宗の僧侶の一部には、彼を本山妙心寺の住持に迎えようという動きがあったし、隠元自身もそれを望んでいたが、「今さら明朝の念仏禅を輸入せずとも、わが国には鎌倉以来の応・燈・関の一系の純禅の伝統がある」と言った愚堂一派の正論が通って、隠元の妙心寺入りは果たされず、やむなく彼は徳川幕府の庇護で、京の郊外宇治の地に万福寺を開き、黄檗宗を称したのである。

以来、この宗派は今日まで伝わってきたが、残念ながら隠元の人法《にんぽう》（人から人へと伝えられた法）は早く絶えて、伽藍法《がらんぼう》（お寺の世代としての法）だけが今日に伝えられ、現在黄檗宗の師家《しけ》（禅の道場の正式の指導者）と称する者は、臨済宗白隠下の人法を伝える人々である（同派の管長職に就いた方も、そうした師家分上《ぶんじょう》の中から選ばれたが、最近その慣習も破られがちとか聞く）。そこで、臨済・黄檗の二派では、臨黄合議所という機関を作って、布教と行政の面で共通の歩調を取っている。だから、この二派は、修行の上では、今日ほとんど何も変わらないと言ってもよい。

隠元の禅は「念仏禅」だと言われる。「念仏」は大きく二つに分けられる。一つは、同じ徳川初期の禅僧正三《しょうさん》（彼は臨済宗の大愚の下で得度したが、開山となった寺は先祖伝来の曹洞宗に属させた）が提唱したような禅である。正三は、坐禅をしても「あっか呆然と居眠りなどしていては何にもならない。山門の二王さんのようなすさまじい気魄で、〈南無阿弥陀仏、南無阿弥陀仏〉と念仏を称えながら坐れ。百姓なら大地を耕す一鍬一鍬に、〈南無阿弥陀仏、南無阿弥陀仏〉と念仏を称えながら耕せ」という。すなわち「念仏三昧」の行である。これはいわば「自力の念仏」である。

念仏の今一つは、言うまでもなく「他力の念仏」である。一切の自力のはからいを捨てて、ただ阿弥陀仏の「本願」の救いを信じて、「信」の一念から称える念仏である。第一の念仏は、インド仏教にいう「戒・定・慧の三学」の三分の一である「禅定」に入るための念仏であり、その「念仏三昧」の功によって、悟りの「智慧」を得て成仏しようという念仏であるが、第二の念仏は、釈尊伝来の「覚」の仏教の、大乗的展開における「信」の仏教としての念仏である。この流れは、わが国で、法然から親鸞になって徹底した、大乗仏教の精華の一つである。

これはすばらしい法宝である。だが、これが「念仏禅」として、禅宗の中に取り込まれると、問題が生じる。禅の生命は、中国では、元末明初に絶えたとも言われる。それは、禅僧の機根が落ちて来て、先のような「三学」の、自力の「定慧《じょうえ》一等」の禅の行に堪えきれなくなって、表に自力の禅宗を称しながら、裏では「弥陀の本願」を頼む他力の念仏になってしまったからだという。

隠元その人の禅風が、はたしてどんなものであったか。それはここでは問わぬことにしたい。ただわが盤珪《ばんけい》は、隠元より少し先に来朝した明僧道者《どうじゃ》に参じてその印可を受けたが、なぜか隠元については、「隠元は〈不生《ふしょう》〉の人にあらず」と批判している。「不生」というのは、盤珪の主張した「不生の仏心」の説で、彼独自の悟境と禅風とをいう。盤珪の存在があまりにも大きいために、隠元にとってはこの評は不幸であったが、鎌倉以来の本場中国の禅僧の渡来として、黄檗宗が日本の禅に与えた影響は大きい。

2 日本曹洞宗

「禅宗三派」と言ったが、周知のように、道元は「禅宗」の呼称を厳しく退けている。

云く――如来の一大事の正法眼蔵・無上の仏法を〈禅宗〉などと名づけてはならない。禅宗の呼び名は、中国以東で興った。インドでは聞いたことがない。達磨《だるま》が嵩山《すうざん》の少林寺で九年間、壁に向かって坐禅した。出家も在家も仏の正法を知らず、〈坐禅を専ら行ずるインド僧〉と呼んだ。そののちも代々の祖師方が、みな坐禅をされた。これを見た愚かな人々は真実を知らず、妄《みだ》りがわしく〈坐禅宗〉と言った。近ごろは、その〈坐〉の語を省略して〈禅宗〉と言うのである（「弁道話」）。

云く――釈尊の集まりに、禅宗の呼び名はない。初祖達磨・二祖慧可《えか》の集まりに、禅宗の呼び名はない。五祖・六祖の集まりに、禅宗の呼び名はない。青原《せいげん》・南嶽《なんがく》の集まりに禅宗の呼び名はない。どの時代から、誰が称えだしたものか。修行者の数に入らぬ者で、ひそかに法を破壊し、法を盗む者どもが、言い出したものであろう。仏祖が許可されない呼び方を、後人がむやみに称えているのは、仏祖の家門を損うものであろう。それでは〈仏祖の法〉のほかに、そのうえに〈禅宗〉という法があるようである。もし仏祖の道のほかにあったら外道であろう。仏祖の児孫である以上、仏祖の骨髄・面目を参学すべきである（「仏道」）。

道元はこれは先師如浄の教えだと言う。

先師古仏は言う——仏祖の大道をもって、妄りに禅宗と称すべからざるなり。いま禅宗と称するは、澆運の妄称なり。禿髪の小畜生の称え来たる所なり（『宝慶記』）。

如浄は「仏祖道は、禅宗にあらず」と断言し、「今日、如浄は則ち仏法の総府なり」（『宝慶記』）と言う。道元はそれを受けて「正伝の仏法」と言い、「全一（純一）の仏法」と言う。こうして「禅宗」の称を退けた道元は、その禅宗の中に、さらに「五家」の区別を立てることを厳しく否定する。これもまた先師如浄の先蹤《せんしょう》に倣うのである。

先師古仏は言う——如今《にょこん》箇々、祇管《しかん》に「雲門《うんもん》・法眼《ほうげん》・潙仰《いぎょう》・臨済《りんざい》・曹洞《そうとう》等、家風別あり」と道《い》うは、これ仏法にあらざるなり、これ祖師道にあらざるなり（『宝慶記』）。

道元は、如浄のこの語を引いて次のように言う。

云く——このような言葉が、この世に出現成就することは、我々が千年に一度も逢うことのむずかしいところである。これは先師（亡くなった師匠、天童山如浄禅師）だけが言われたところである。よそでは聞くことはむずかしい。ただ先師の円満な法席だけで聞けた。それなのに、天童山一千の雲水僧の中で、この言葉を聞き取る耳を持つ者がなかった。これを見抜く目玉を持つ者がなかった。まして全心でもって、これを聞く者はなかった。身体でこれを聞く者はなかった。自己の全身心で聞く者が、億万劫という長いあいだにかりにあったとしても、先師の全身心を取り上げて、聞き、悟り、信じ、脱落する者はなかった。

憐むべきことだ。大宋国のすべての人々が、みんな先師と諸方の長老たちと、同じように同列に肩を並べることができると思っている。このように思う人々は、心の眼を持っているのだろうか、まだ眼を持っていないとしたものか。また、あるいは、先師を臨済や徳山と同じように肩を並べる同列の禅匠だと思っている。このような人々は、まだほんとうに先師を見ないのだ、いやまだ臨済にも逢わないのだ、と言わなければならない(「仏道」)。

ここで私は一つの大きな疑問にぶつからざるを得ない。このような思想を抱いていた道元を高祖と仰ぐ宗派の人々が、明治維新で日本が近代国家になって、官憲から宗名の届け出を求められたときに、なぜ「日本曹洞宗」を名乗ったのか、という疑問である。

これについて思い起こすことがある。もうずいぶん前の話だが、佐橋法龍老師(現長国寺僧堂堂頭)が、「秋月君のような人まで、道元禅師を曹洞宗の宗祖だという。曹洞宗の宗祖は道元一人ではない。高祖道元と太祖瑩山《けいざん》と両禅師を合わせて宗祖とするのだ」と、『中外日報』紙上で書かれたことがあった。そう言えば、駒沢大学学長の衛藤即応博士が、『宗祖としての道元禅師』という本を出版して問題になったという話を聞いたことがある。

ここらあたりにも、私の先の疑問に対する何らかの答えが用意されているのであろうか。太祖瑩山について考えることなしには、今日の曹洞宗は語れないであろう。なお、私は一禅匠として瑩山禅師の『秘密正法眼蔵』を参究する稿を起こしたいと念じている。と言うのは、今日の曹洞宗においても、一昔前の総持寺僧堂で、水野虎渓老師などが行なっていたように、もう一度、「公案禅」を復興してほしいからである。今日の洞門の修行は、道元禅師の「本証妙修」の教理の路線上に「只管打坐」を主張するか、あるいは、明治以来の僧俗の布教テキストとして編まれた『修証義』による、「本証妙修」の教理の上に「受戒入位」を主張するか（これも別に論じなければならないが）、の二とおりの路線に限られてしまっているが、おそらくは瑩山禅師に発するであろう「公案」を使っての独参の室内商量は、徳川期までは洞門においても盛んに行なわれていたと見られるからである。

故久松抱石先生が偶然入手された何代にもわたる室内の行巻《あんけん》（公案とその答えの手控え）を、先生は初め臨済系のものと思って調べられたが、のちにそれは曹洞宗のものだと分かったことがある。この話をしたら、曹洞宗から戦後独立して三宝教団を興した安谷白雲老師が、「私にも見せてもらえないか」と言われたから、「いや、私自身も見せてもらっていません」と答えたことがある。そういうことで、私は『秘密正法眼蔵』の参究と今日の禅界への復活に意欲を燃やしている。いずれ何とか活字にして発表したいと思う。

3　日本臨済宗

中国から日本への禅の渡来は、日本人が中国へ渡って修めて帰ったものと、中国人の禅僧が日本へ渡来して伝えたものと、合わせて二十四流と言われる。その中で曹洞宗系が三流で、今日はただ道元の一流だけが残っている。後の二十一流はすべて臨済宗である。そのうちまず栄西が初めて伝えた一流だけが臨済宗黄龍《おうりゅう》派で、あとの二十流はすべて臨済宗楊岐《ようぎ》派に属する。

先に隠元のところで触れた妙心寺の愚堂が、開山関山国師の三百年遠忌の法会《ほうえ》に当たって作った次の詩は、有名である。

二十四流日本の禅、
惜しいかな大半その伝を失う。
関山幸いに児孫の在る有り、
続焰聯芳《ぞくえんれんぽう》三百年。

この詩で言っていることは、先に言ったことと重複するが、中国の唐宋時代から元の時代にかけて、中国で発達した禅宗が、日本に入って来た。おおまかにそれを二十四流と数える。そのうち三流が曹洞宗だが、現在は永平寺の道元禅師の流れだけが残り、後は絶えた。残りの二十一流は臨済宗だが、宋時代に二派に分かれたうちで、まず日本に入ったのが黄龍派で、建仁寺の栄西の伝えたもの。これも後が絶えた。残りの二十流はすべて楊岐派だが、それも愚堂の時代には、もうほとんどその大半が法系が絶えていた。ただ、そのなかに、「応・燈・関の一系」と言って、大応《だいおう》が中国に渡って虚堂《きどう》の禅を伝え、それが大徳寺の大燈・妙心寺の関山へと伝わった法だけが、現に今この衲《わし》愚堂のところに生きている、というのである。

この詩は、初め「関山幸いに愚堂の在る有り」と詠じたのだが、それを聞いた大愚が、「衲《わし》もおるぞ」と言ったので、愚堂も苦笑して、「児孫の在る有り」と改めたという逸話も残っている。

その法が、「愚堂―無難《ぶなん》―正受《しょうじゅ》」と伝えられて、「命、懸糸のごとし」ということばどおり、ちょうど絹糸一本のような危なさでつながっていた。その最後の人が信州飯山《いいやま》の正受老人、道鏡慧端《えたん》その人であった。このとき、「三百年間出」（三百年に一人出る人物）と言われた白隠が出て、よく日本の禅を復興した。だから、日本臨済宗では、中国禅宗に「公案禅」を大成した五祖法演を中国禅の「中興」というように、白隠を「日本臨済禅の中興」と呼ぶ。

今日、日本仏教第一の大教団は曹洞宗で、本山は永平寺と総持寺の二つであるが、教団は一つで、末寺一万五千カ寺を数える。臨済宗は、妙心寺派をはじめ、十四の本山に分かれていて、末寺五千カ寺を称している。そこにかりに一人の住職がいたとして（実際は無住寺院が多いが）、五千名の禅僧がいるとする。しかし、そのなかで、師家《しけ》、ないし師家分《ぶん》上《じょう》（師家としての資格を持つ者、すなわち正師の室内に参じて、その室内所定の「公案体系」の修行を終えた者《これを「大事了畢底《りょうひつてい》」という》で、正師の印可を得て祖師位に上ぼったもの）と呼ばれる僧侶は、わずかに八十余名に過ぎない。そして、それはすべて白隠下の法孫によって占められている。今日の臨済宗において、白隠がいかに偉大な存在であるかということが分かるであろう。

白隠禅は「公案禅」である。「公案」については改めて論ずるが、「公案」とは、〝参禅に当たって師家から学人《がくにん》すなわち修行者に与えられる参究の課題〟である。そこが「只管打坐」（ただ坐る）という曹洞宗の今日のやり方とは、大いに違うところである。同じ坐禅でも、与えられた公案を工夫して、その見解《けんげ》（公案に対する自己の答え）を求めて坐禅するのである。そして、自ら得た見解を師家の室に独参して（「入室《にっしつ》」という）呈し、師弟一対一で密室裡に問答商量して、道を究めていくのである。

この「公案禅」は、後で論ずるように、中国宋代の五祖法演—圜悟《えんご》克勤《こくごん》（『碧巌録』の著者）――大慧宗杲《だいえそうこう》の三代によって、盛んに鼓吹されたものである。白隠は、なかんずく大慧に私淑するところが強かった。そして、白隠の特色は、その公案に教育の体系を立てて、これを見事な「公案体系」にまで形成したことである。これによって、たいした天才でなくても、ふつうの人間なら、誰でも「悟り」が開けて「仏」と成り、その「悟り」を日常生活に生かして仏行《ぶつぎょう》に生き、さらには、その「仏」とか「法」とかいうことさえ忘れて、一切の執われを離れた、真の「自由」人として生きぬくことができるのである。

以上、今日の日本に伝統の禅として生きている「禅宗三派」の概略を記してみた。

二 「公案禅」とはどういう禅か

1 「公案」とは何か？

「公案」とは、「公府の案牘」の略で、〝公府すなわち公の役所から出た文書〟のことである。〝公文書〟のことで、たとえば、国家の憲法とか法律とか裁判の判例とか、要するに、〝権威を持つ文書〟を言う。

禅で「公案」と言うときは、〝参禅に当たって師家《しけ》が学人《がくにん》に与える参究の課題〟のことを言う。たいていは、〝優れた古人の言行〟が問題となる。それで、「公案」のことを「古則」とも言う。〝古人のお手本〟のことである。因みに、「公案」を数えるときは、一則、二則という。たとえば『碧巌録』には、百則の「公案」が集められている。

禅の道場を訪ねると、禅宗だから、まず坐禅を教わる。「端坐参禅を正門《しょうもん》とする」(この場合の「参禅」は、「端坐」すなわち〝正しい坐禅〟の意である)ということは、「只管打坐禅」でも、「公案禅」でも同じである。こうして、坐禅に親しんで六カ月か一年経つと、先輩が、「あなたもそろそろ老師に相見《しょうけん》してはどうですか」と勧める。

そこで、「相見香代」と言って、応分の金子を包んで、道場の師家に相見の礼を取る。「相見」とは、もともと〝人と人とが出会う〟意であるが、今日では、「相見」というと、道場の師家に初めて正式にお目どおりすることをいう。方丈すなわち〝師家の居間〟で、一杯のお茶をいただくだけであるが、そのときに「参禅」すなわち〝師家について禅の修行をする〟心得などを教えられることもある。そして、そこで初めて師家から「公案」を授けられる。

2 「公案」はどのようにしてできたか?

我々のいう禅は、中国の唐時代に興った。優れた禅者たちが、釈尊に倣って「戒《かい》・定《じょう》・

慧《え》」の三学を修行して、悟って仏陀となった。すなわち、唐代の禅僧たちは、自然発生的に「禅経験」というものを体験して、「悟り」に至ったのである。そのときには、「公案」というようなものはなかった。それが唐末から五代を経て宋の時代になると、禅は中国の新興仏教として大いに栄え、禅の修行をする僧侶も次第に多くなり、従ってその素質もさまざまであった。一方、「士大夫」と呼ばれる在家の知識人たちが、こぞって禅に参ずるようになった。そうなると、唐時代のように放っておいても天才的な禅者が次々に自然に「禅体験」をして悟りに至る、というような時代ではなくなってきた。そこでそういう人々を教育する禅匠のほうでも、何とかしてそうした修行者を早く「悟り」に導く手だてを工夫しなければならなくなってきた。すなわち「時代相応の修禅の方便」が求められた。そこに成立したのが、「公案禅」である。宋時代の禅匠たちは、禅の黄金時代であった唐代の優れた禅者たちが、どうやって「悟り」へ到達したのか、ということを綿密に調べてみた。その結果、「禅経験」と呼ばれる悟りへの、いわば心理的なプロセスが明らかになって、その「悟り」の心理的プロセスに合わせて修行者を導くことになった。

そこで、宋代の禅匠たちは、先代の古人のお手本を「公案」として、修行者に課することによって、彼らを「悟り」へ導くことになった。こうして、唐代の禅僧たちがどうやって「悟り」へ到達したか、悟った人たちがどんな言葉を述べたか、どういう行為をしたか、それが「公案」として修行者に課せられることになった。修行者は、坐禅のなかで、あるいは作務《さむ》のおりに、つねにこの「公案」を胸にひっさげて工夫して、それに対する見解（ケンカイと言わずに、ケンゲと発音する）をたて、それを師家に呈して、点検を乞うのである。こうした「公案」による修行によって、特に天才的な優れた素質を持たない人でも、すなわちふつうの素質の人間でも、「悟り」が開けるような教育的な一つの工夫ができあがった。これが「公案禅」である。

3 「悟り」経験の心理学的プロセス

宋代の禅匠たちが、先代の優れた禅匠の「禅経験」の心理的プロセスを考えて、「公案」によって修行者を悟りに導こうとしたことを見てきた。そうした禅経験の心理的プロセスをよく示している一つの話がある。

『臨済録』に、次のような一節がある――

定上座《じょうじょうざ》というものあり、到り参じて問う、「如何なるか是れ仏法の大意《だいい》」。師、縄床《じょうしょう》を下だり、擒住《きんじゅう》して一掌を与えて、便《すなわ》ち托開《たつかい》す。定佇立《ちょりゅう》す。傍らの僧云く、「定上座、何ぞ礼拝せざる」。定、礼拝するに方《あた》って、忽然《こつねん》として大悟す。

定上座という者が来て、臨済に参じて尋ねた、「仏教の真髄とは何か」。師は坐禅の椅子を下りて、胸ぐらをぎゅっとひっつかみ、ぴしゃりと平手打ちをくらわせると、いきなり突き離した。定上座は呆然として突っ立っていた。そばにいた僧が言った、「定上座、なぜ礼拝しないのか」。言われて定上座は礼拝したが、そのとたんにはっと大悟した。

定上座は、臨済のはげしい働きにあって呆然として突っ立っていた。「無我」の境地である。ここを「佇立」と言う。しかし、そこはまだ「悟り」ではない。幸い傍らにその間の消息に通じている先輩の僧がいて、「定上座、老師のお示しを受けて、なぜ礼拝しないのか」と注意した。定上座は、無我のまま思わず礼拝した。無心の働きである。だが、その身体的な感覚の働きを縁にして、無我の禅定が破れて、「無我の我」の自覚、すなわち「般若の智慧」（悟り）を得た。ここが大悟である。

このように、唐代の禅僧たちの自然発生的な「悟り体験」を心理学的に検討した結果、悟りの前段階として、「無我」の境地の現前が必要条件であることが分かった。すなわち「無《む》相定《そうじょう》」とか「三昧境」とかいう「禅定」経験である。無門慧《え》開《かい》は、これを公案と自己とが一つになった境地として、「打《た》成一片《じょういっぺん》」と言う。また、わが白隠は、「大疑《だいぎ》現前《げんぜん》」の境と言う。しかし、それは一種の深い「禅定」ではあっても、まだ「悟り」ではない。その「無我」の「禅定」三昧が何らかの感覚の縁に触れて爆発したときに、「無我の我」（無位の真人《しんにん》、無相の自己）が自覚される。これが「悟り」である。「悟り」とは、「本来の〈無我の我〉という自己」が露わになること、すなわち「真人」の実現自覚である。そこでそうした「無我の我」を自覚体認するためには、どうしてもその前段階として〝分別の主体〟である「自我」を「空」じて、「無我」という体験を経なければならない。そのために「禅定」三昧が要求される。「公案」は、まず修行者を、そうした「大疑現前」という「打成一片」の境地へ最も早く導き入れるための手段である。

4　初関を透過して見性する

最初の公案（「初関」という）としてよく使われるものに、「趙州《じょうしゅう》の無字」というのがある。趙州禅師に修行僧が、「犬にも仏性がありますか」と尋ねると、趙州は、「無じゃ」と言った。また白隠禅師には、「隻手《せきしゅ》の音声《おんじょう》」の公案がある。それは、「両掌を打つと音がするが、隻手（片手）にどんな音があるか。その音のない片手の音を聞いてこい」というのである。こんな公案は、ふつうの分別的な知性の論理で考えようとしてもまったくお手上げである。それで、頭で考えるのではなく、坐禅をして全身全霊で公案に取り組むのである。こうして「公案」に取り組むことによって、深い「禅定」に入り、「無我」の境地に入る。そこで出てきた自己の見解《けんげ》を、師匠の部屋に入って（「入室《にっしつ》」という。また独りで参ずるから「独参」ともいう）師家に呈する。こうして密室で師匠と弟子と一対一で問答して、「公案」を通して道を究めていくのである。こうした修行の仕方を「公案禅」と言う。

修行者は与えられた「公案」と取り組む。二つの掌を打つと音がするが、片手にどんな音がするか。当然音はない。その音のない片手の音を聞いて来いと言われて、何とかこの問題に知性的に答えを出そうとする。そこで、この「公案」は、白隠禅師の創始の「公案」だからというので、白隠の書いた本のどこかにヒントを見つけようとして本を読んだりする。しかし、これはまったく見当違いである。「公案」を分別的な知性で考えようとすれば、たとえどんなに理論的な厳密な推理の結果の思想であろうと、師家の冷たい否定に逢うだけである。だから、頭のいい人ほどなかなか公案の軌道に乗りにくい。むしろまっこうみじんに公案に取り組んで、公案と一つになる人のほうが勝負が早い。

「両掌相打って音声《おんじょう》あり。隻手に何の音声かある」。こんな「公案」は、分別的な知性の論理で考えようとする限り、まったくお手あげである。だから、「公案」には、初めから分別上では意味がないのである。「無意義」の「公案」を日本刀一振りと心得て、分別的な知性の主体である「自我」そのものを截断《せつだん》するのである。だから、「公案」には、意味があっては困るのである。意味があると、それを頭で分別して理解して裁いてしまうからである。それではいつまで経っても「自我」を「空」じて、「無我」にはなれない。分別的な知性ではダメだということが分かってはじめて、修行者は、頭だけではなくて、それこそ全身全霊で身心《しんじん》を一つにして「公案」に取り組むのである。そこで、公案と自己とが一つになって、「打成一片」という境地に入る。

自己の見解《けんげ》を師家に呈しては否定される。また、見解を呈しては否定される。そういう入室《にっしつ》を繰り返すうちに、「禅定」が深まって「自我」が「空」じられて、「無我」の三昧境に入る。「純粋体験」の境に入る。そして、その「無我」の「禅定」が、あるとき何らかの感覚の縁によって爆発して、「本来の〈無我の我〉という自己」が露わになる。この「打成一片」の「無」が爆発して直覚に出ることを、「驀然打《まくねんた》発《はつ》」と言う。これは『無門関』の著者無門慧開の分析であるが、わが白隠は先の「打成一片」を「公案工夫による大疑現前」と言い、それを「悟り」の前段階として、その「無」が爆発して、「悟り」に出たところを「㘞《か》地《じ》一下《いちげ》」の時節と言っている。「公案」の修行を始めて、一摂心《ひとせっしん》（「摂心」は集中坐禅期間）の七日間で、この「悟り」の境地を体得した人もいる。亡き久松真一先生が、その人である。しかし、定上座が臨済に参ずる前に、ある程度の修行をしていたからこそ、あの「悟り」経験を得たように、久松先生自身もそれ以前に宗教的な経験を積んでいたと語られた。私自身は、「公案」をいただいてから、「ノミのキンタマ八つ割り」ほどの禅経験を得るのに、七年間かかった。

「自我」が「空」じられて、「無我」の境地が現前して、「無我の我」とも言うべき「仏性」（自己の仏としての本性）が露わになって、「本来の自己」（真人）の自覚体認を経験することを「見性《けんしょう》」と言う。「見性」とは、〝心眼を開いて、自己の仏性を徹見すること〟である。こうして、修行者は、「初関」を透過することによって、「悟り」経験を得るのである。

5　白隠下の公案体系

先にも言ったように、「禅とキリスト教懇談会」という、毎夏二十年も続いた一年一回の合宿の集まりがある。当時まだ少壮学者であった駒沢大学の奈良康明、花園大学の西村恵信、キリスト教の八木誠一さんたちが、アメリカのクエーカー教徒の要請によって、山田霊林、柴山全慶、山田無文という老師方を呼んで始めた会議である。それから何年も経って、奈良教授と話をしていたときに、臨済宗の「公案禅」について柴山老師や山田（無文）老師のお話を聞いたが、これまで誤解をしていた、というようなことを言われた。恐らく老師方は、私がこれまで述べたような、初関によるいわゆる「見性」経験を強調されたのであろう。しかし、白隠下の公案修行は、初関の「悟り」で終わりではない。白隠下の公案には、「教育体系」がある。白隠は、公案を「法身《ほっしん》・機関・言詮《ごんせん》・難透・向上」の五つに分類し、さらに「五位・十重禁・末後牢関」を加える。大別すれば、「悟る」ための公案と、悟って「見た」ものを「身につける」ための公案と、そして、「悟りの臭みを抜く」ための公案とである。だから、白隠禅を論じて、以上のような「初関」による「見性」だけで終わるのは、誤解を免れないわけである（小著『公案――実践的禅入門――』ちくま学芸文庫参照）。

三　「看話禅」と「默照禅」について

1　大慧禅の「大疑」の強調

「公案禅」のことを、また「看話禅《かんなぜん》」とも言う。〝話《わ》を看《み》る〟の意である。「話」は「話《わ》頭《とう》」すなわち〝公案〟のことである。中国宋代に、この「看話禅」を大いに挙揚《こよう》したのが、大慧《だいえ》宗杲《そうこう》（一〇八九―一一六三）である。わが白隠が大慧に傾倒したことは周知のところである。

宋初以来、禅は、士大夫といわれる上級官僚の参禅の増加につれて、「文字禅」に堕していった。それを憂えて、師の圜悟《えんご》の『碧巌録』の板木を砕き写本を焼いた大慧は、「公案」（祖教の書）をその本来の意義に帰そうとした。それが「大疑の下《もと》に大悟あり」とする、大慧禅の「大疑」による心地の開発の強調である。彼は言う、「胸裏に湧く千万の疑いをただ主体的な一疑に集中し、それが公案に即して破れるならば、千疑万疑はたちどころに破れ去る。公案が破れぬうちは、どこまでも公案と対決せよ。公案を捨てて、文字について疑いを起こしたり、経典の上に疑いを起こしたりするのは、すでに悪魔の仲間に入ったのと同じだ。けっして自ら課した公案を安易に肯《うけが》ってはならぬ。また、やたらと思慮分別してもならぬ。ただすべての意識を、思慮分別の及ばぬ所に集中し、心をどこにも逃れることのできないようにすることだ。ちょうど老いた鼠が牛の角の中に入り込んで行きづまりになるように」（柳田聖山教授の訳による。傍点筆者）。

これはインド以来の「戒・定・慧の三学」の「禅定」の求心的な「悟りへの道」に直結するものである。〝心を一つの対象に繋いで他に移さぬ〟ことは、もともと「禅＝ヨーガ」のねらいとするところであった。だが、仏教においては「禅定」はそれ自体が目的ではない。だから、大慧はそれが破れて大悟の「覚」に出ることを主張する。彼は、そのために、主体的な「大疑」が大切だと主張したのである。彼は言う、「今日の修行者たちは、すべて自ら疑うことをせず、かえって他人を疑う。だから、私は言うのだ、『大疑の下にこそ大悟がある』と」。こうして、「大疑」は、〝公案に対する全身全霊の集中〟として、禅の本質だと見られるようになった。だから、「大疑」は、単に知的頭脳的な疑い、すなわち「千疑万疑」ではなく、全身全霊的な「主体的一疑」である。

大慧のこうした「大疑」の主張は、「無字」の公案の採用に至って極まる。大慧は言う、「『僧が趙州《じょうしゅう》に問うた、狗子《いぬ》に仏性が有るか。州云く、無』。この『無』の一字こそ、無数の妄想分別を打ち砕く杖である。それには有るとか無いとかの判断を加えてはダメだ。理念的な推論も、意識的な分別もいけない。揚眉瞬目などの動作にわたることもいけない。また何もない空無のところに放り投げるのもダメだ。ただひたすら、いつでも行住坐臥に即して、常にその『無』の一字を提起して、そこにすべての精神を集中して、狗子に仏性が有るか。云く、『無』と念ずるのである」（柳田教授訳による）。

多くの公案の中で「趙州無字」を取り上げ、しかもその中の「無」の一字だけを取り上げ、そこに精神を集中する工夫は、大慧の法祖父五祖法演《ほうえん》（一〇二四?—一一〇四）に始まると言う。法演に始まり、大慧によって強化された「無字」の工夫は、南宋の禅界を風靡するが、それは無門慧開の『無門関』に結晶化され、それがわが白隠の「公案体系」の中核をなすに至るのである。禅の本質をなす〝意識集中〟の訓練は、こうして「無字」による「大疑」の凝結と、その打破という、簡明直截な開悟への二段階的見性法に統一されることになったのである。

これが大慧による「看話禅」(公案禅)の主張である。わが白隠は、この大慧禅に傾倒して、これをさらに教育体系化して「公案禅」の大成を計ったのである。

2 大慧の「黙照禅」批判

大慧は、以上のように、「大疑」を強調して、「禅定が破れる大悟」を主張したから、〝単なる精神集中〟にとどまる禅を、「黙照」の邪禅として、口を極めて攻撃した。彼は言う、「近ごろ禅林に一種の邪禅が流行している。病いを薬と思い、証悟あることを肯わぬ輩である。彼らは、悟りを方便と考え、人を引き寄せる説明だとする。少なくとも、悟りを第二義とし枝葉末節のこととする。自身で証悟の経験がないために他人の証悟を信ぜず、一様に空寂でぼんやりとした無意識の状態を有史以来の絶対境だと思い込み、毎日二度の飯を食うほかは何を思うこともなく、鳩が豆鉄砲を食ったようにただぽかんと坐禅するだけで、それが妄念を休し去り歇し去る道だと考えている」(柳田教授訳による)。

これが大慧の有名な曹洞宗系の「黙照禅」に対する批判である。彼の「看話禅」の主張は、こうした「黙照禅」の旧弊を救おうとするものであり、彼はそうした「黙照」の邪禅の原因が、主体的な「大疑」の欠如にあると見て、「看話禅」を主張したことは、すでに述べたとおりである。

禅の歴史における「黙照邪禅」の説の由来は久しい。かつて荷沢神会《かたくじんね》（六七〇—七六二）が、口を極めて北宗の「看心看静《かんしんかんじょう》」を非難したし、臨済（?—八六六）もまたそれを承け嗣いで、南宗の見性禅の立場に立った。いや、それは古くインドにおける小乗的な「煩悩対治の修定《しゅじょう》」に対する大乗的な「般若空観《くうがん》」の説にまで遡ることができるであろう。

では、「黙照禅」とは何か。こう改めて問うてみると、それは大慧が、曹洞宗系の人々がただ黙々と面壁坐禅する宗風を罵倒して呼んだことに始まる。では、「黙照」とは何か。「黙」は〝寂黙〟で〝黙々と坐禅すること〟であり、「照」は〝照用《しょうゆう》〟で〝心性《しんしょう》の霊妙な働き〟の意である。それならけっして何も邪禅とは言えない。黙照禅と言われる人々は、「本来自性《じしょう》清浄《しょうじょう》」の立場に立って坐禅を行なって、ただ兀々《ごつごつ》と坐禅して、ほかに証悟を期待しなかったまでで、無所得・無所悟で、本来性に生かされている自己に親しんだ人々であった。だから、その修行は、自己の本来性、すなわち「心性本清浄」を信ずることに立脚していたと言える。——すると、黙照禅の立場からは、ただちに次のような反論が返って来るであろう。

それは、「黙照」それ自体に、真実なものがまるまる現われているとする立場である。それを「照」の字がよく表わしている。大慧の批判を受けた宏智《わんし》正覚《しょうがく》（一〇九一—一一五七）は、何の反発も釈明もせず、それこそ黙々とわが道を歩むだけであった。ただ『黙照の銘』一篇を作っているから、「黙照」は彼自身承認の呼称であったと言える。それは宏智その人の人柄でもあったろうか。宏智はみずからの後席に大慧を推薦し、後事を託してもいる。だから、禅の修行の仕方について、「看話・黙照」の二つの立場が、臨済宗と曹洞宗の禅の性格の相違を示すものとして、その対立はずっと今日の日本にまで及んでいるなどというとき、この宏智の禅のあの穏かな宗風を見忘れてはならないと思う。道元は深く彼を崇敬し、「宏智古仏」と呼んでいる。「古仏」という言い方は、禅宗で真に頭が下がるという人に対してだけ用いられる敬称である。

ここでどうしても触れておかなければならないのは、道元の「大慧批判」である。それは深草時代の後半から急に激しさを加えてくる。それは明らかに旧大日《だいにち》派の人々が集団入門する（大日能忍《のうにん》門下の僧が道元教団に投じた）以後のことであるが、「大慧は修行より嗣書を欲しがった」（「自証三昧」）とか、「圜悟《えんご》に参じて嗣法したというが、悟っていない」（同）とか、「今の中国の人々は、大慧は大禅匠だと思っているが、釈尊の大法の真髄からは遠い」（「深信因果」）とか、その批判の激しさは、まさに何か異常なものさえ感じられる。亡き鈴木大拙先生は、「道元禅師その人の言葉ではあるまい。恐らく後世の末流の添加した文章であろう」と言われていたほどである。

四 「只管打坐禅」とはどんな禅か

1 道元の「只管打坐」の説

臨済宗の白隠禅は「公案禅」である。坐禅はするが純粋な坐禅ではなくて、公案を工夫して悟る禅である。だから、坐禅は手段で悟りが目的となる。いわば、「衆生本来仏なり」という仏祖の言葉を「信」じないで、本来の仏をわざわざ衆生に落とした上で、坐禅して悟ろうとする。それに対して、曹洞宗の道元禅は「只管打坐」の禅である。それは「自《じ》性《しょう》本来清浄《ほんらいしょうじょう》」という仏祖の言葉を「信」じて、〝ただ坐る〟だけである。仏として坐禅するのである。だから、それは悟るために、悟りを目的として坐る手段の坐禅ではなく、坐禅がそのまま仏作《ぶつさ》仏行《ぶつぎょう》である。そうした坐禅を、「只管打坐」と言う。――こうした主張をよく聞かされる。はたして、そうなのであろうか。

高弟の懐奘《えじょう》が師匠道元の折りにふれての言葉を書きとどめたという『正法眼蔵随聞記』に、次のような一節がある。

私(懐奘)がお尋ねした、「坐禅と公案の参究とを合せて学びますと、語録や公案などを見ているときに、百千に一つぐらいは、少々心得られはしないか、と思われることも出て参ります。しかし、坐禅では、それほどのこともございません。それでもやはり坐禅を好んですべきでしょうか」。

禅師が教えて言われた、「公案を見て、いくらか悟るところがあるようであっても、それは仏祖の道に遠ざかる因縁である。所得もなく（無所得）、悟りもなく（無所悟）、正しい坐禅をして時を過ごすならば、それがただちに祖師の道であるのだ。古人も、公案を工夫することと、只管打坐とを、ともに勧めてはいるが、やはり坐禅を専ら勧められたのである。また話頭（公案）で悟りを開いた人があっても、それとても坐禅の功によって悟りの開ける因縁ができたのである。ほんとうの功は坐禅にあるであろう」（同巻六）。

ここに、はっきりと道元の「只管打坐」の説が見られる。初め大慧系の大日能忍派の禅に参じた懐奘は、それこそ影が形に添うように、生涯道元に随身した人であるが、道元はまずこういったふうに懐奘を導いたのである。それは初門のときの話だけではなく、ここには確かに、道元禅の真髄が示されている。

道元は言う、「この単伝正直の仏法は、最上の中にも最上である。師家《しけ》に相見《しょうけん》して教えを受ける最初から、焼香・礼拝・念仏・懺悔《さんげ》・看経《かんきん》を用いず、ただただ坐禅をして、身心脱落するようにせよ。もし人が、たとえ一時でも、三業《さんごう》（身と口と意の三つの行為）に仏の印形《いんぎょう》をしるしつけ、一心に正しく坐禅するときは、全世界がすべて仏の印形となり、全虚空がすべて悟りとなる」(『弁道話』)。

ただ、「只管打坐して」「身心脱落することを得よ」という言葉を、「只管打坐」が手段で、「身心脱落」が目的であるかのように解してはならない。それでは〝ただ坐る〟ことにならないから。かと言って、ぼんやり坐ったり、居眠り坐禅になったり、煩悩妄想で坐ったりしていては、仏の坐禅にはならず、それこそまったくの衆生の坐禅でしかない。「只管打坐」は、どこまでも「本証」の「妙修」でなければならない。だからこそ「身心脱落」の坐禅なのである。これを「般若」(「心性本清浄」の自覚)の自発自展としての「波羅蜜多」(完成、実現)というのである。

ある曹洞宗の学匠は、「臨済禅は凡夫が仏になろうという坐禅、曹洞禅は真っ向仏が坐る坐禅だから、宗教の次元がまるで違う」と言うが、そんなことはない。何度も言うように、白隠は、「衆生本来仏なり」と言い、「直《じき》に自性を証すれば、自性即ち無性にて、すでに戯論《けろん》を離れたり。因果一如の門開け、無二亦《やく》無三の道直《なお》し」と言って、因(修行)と果(証悟)は一如(修証一等)であると言っているから、その点では道元禅も白隠禅も何の違いもない。ただ白隠は、曹洞宗の一部の人々が「本証妙修」の観念禅の上にあぐらをかいて、実際には「身心脱落」どころか、まるきり衆生の、凡夫の妄想坐禅、居眠り坐禅に陥っている実際の弊害に黙っておれずに、「黙照の邪禅」「無事禅・ぬけがら坐禅」と批判したのである。そこから、彼は大慧の「大疑」禅を受けて、「公案」による「見性」を強調したまでである。

だから、宗教の次元など違うはずはない。ただ修行の上で、まず強調したところが異なるまでである。繰り返し言う、ともに「一味」の「祖師禅」である。

2 「只管打坐」禅と「見性」禅と「黙照」禅

私はこの「禅仏教とは何か」の稿を、「摩訶般若波羅蜜多が仏道の第一義である」という立場から説き起こした。それは私が「仏教の原点」をそこに見ているからである。そして、それは、とりもなおさず道元禅の基本思想である「本証妙修」ということにほかならないと、先に述べた。

今、また、「只管打坐」の説も、その基本思想である「本証妙修」のおのずからなる発現であることを見た。「本証」の「妙修」するところ、仏の坐禅、本来の仏として坐る坐禅ということにならざるを得ない。そう考えれば、「只管打坐」こそ、仏教本来の、「正伝の仏法」の坐禅観だということになる。私は臨済宗の僧籍にあり、白隠下の法孫の一人として師家として世に立っているが、「只管打坐」こそ、「正伝の仏法」の坐禅だと断言してはばからない。奥多摩の古仏、故加藤耕山老師も、「衲《わし》は曹洞宗の出だからというわけではないが、只管打坐が親しい。しかし今日の曹洞宗の人々の只管打坐は、あれはダメだ」と明言されていた。是々庵老師は、その点、やはり白隠と意見を同じくされていた。老師は遷化《せんげ》の日まで、学人《がくにん》に公案を課して参究させられたけれども、「公案禅」に対しても批判的で、「公案を使わないで別に教育する工夫」を強く私に望まれた。が、私は故鈴木大拙先生とともに、「今となってはやはり公案禅を生かして用いるよりない」と思う。ただ「公案をその本義に帰して」、正しく用いることが大事であろう。大拙先生の意見もそうであった。

一時代ぐらい前までは、曹洞宗の師家方も公案を用いられた。総持寺でも、水野虎渓老師や渡辺玄宗禅師がそうであった。孤峰智璨禅師も若いとき大いに公案禅に参じたと、お手紙をいただいたことがある。原田祖岳老師の公案禅は有名である。その法系の三宝教団は、今日欧米の一部では、臨済・曹洞の伝統の二宗をしのぐ勢いであり、「臨済・曹洞の長所を止揚《アウフヘーベン》した禅」と自称する向きもある。ただし、その室内の公案の見解《けんげ》は、祖岳流で、正伝の臨済正宗《しょうじゅう》のそれとは大きく異なっている。異なって悪いというのではない。そこに、「もし優劣有りと道《い》わば、未だ参学の眼《まなこ》を具せず。もし優劣無しと道うも、亦た未だ参学の眼を具せず」である。

ともあれ、私は今後、曹洞宗においても、「公案禅」が復興されることを願っている。そのためにも、私自身近い日に太祖禅師の『秘密正法眼蔵』を、現代の禅匠の一人として、ぜひ参究してみたいと心に期している。それはけっして高祖禅師の心に背くものではないと信じている。思えば『仮字正法眼蔵』そのものが、高祖の公案の拈弄《ねんろう》（言語のスポーツ）にほかならなかったではないか。

最後に、先に述べた宏智禅師の「黙照禅」と道元禅師の「只管打坐禅」の関係を一瞥しておく。『正法眼蔵』の中に「坐禅箴《しん》」一巻があるが、真に仏祖正伝の道にかなった坐禅の書は、宏智古仏の「坐禅箴」だけだと推称してある。故榑林《くればやし》皓堂教授も、「道元禅師の只管打坐を語るとなれば、思想史的にはどうしても宏智の禅に想到しないわけにはいかない。恐らく道元禅師は、その師如浄から正伝の坐禅（只管打坐）を教えられることによって、宏智の偉大さをしみじみ感じ取ったのであろう。もし宏智が出なかったら、中国曹洞禅はその真の姿を宣明するに至らなかったかも知れない」と言われている。

道元禅は、如浄のそれとも、宏智のそれとも、まったく別だ（全別）という消息があると思うが、同時にまた、ある意味では、如浄とそっくり、宏智とまったく同じだ（全同）と言ってもよかろう。「全同にして全別」、そこに真実があるということであろう。宏智の「坐禅箴」については、道元自身が、それを高く評価しながら、別に自分のものを作っているから、そのことは明らかであるが、あれだけ道元が傾倒しきっている如浄の禅と道元の禅の違いについては、今後、『如浄語録』と『道元語録』のより綿密な研究に待つべきところが多々あると思う。

五　曹洞禅は「生活禅」ということ

1　禅は「仏性」論を「礼」の生活に生かしたもの

先に、日本臨済宗の「公案禅」について述べた。それに対して、日本曹洞禅は「生活禅」だということが主張される。私は、仏教とは、釈尊が「心性本清浄《しんしょうほんしょうじょう》」という〝本来の自己の自覚（般若の波羅蜜多）〟によって、悟りを開かれたことに始まったものと見る。それが大乗の「空観」によって深められ、「如来蔵」思想、すなわち「仏性」論となった。そのインド仏教の「仏性」論が中国に来て、さまざまな展開をする。その一つが「禅宗」であると見ている。

ふつうは、中国固有の道家の思想と仏教思想の関係が問題にされるが、禅宗を考える場合には、むしろ儒家の思想に注目すべきであろう。このことは故森本省念《もりもとしょうねん》老師がよく話されていたことである。インド人は、哲学的・非日常的な思索を好む国民性があるが、それに対して中国人は実際的・日常的な思索を好む。たとえば、インド人が「色即是空・空即是色」と言うところを、中国の禅僧は「蓮華が水を出ない前」とか「水を出て後」如何とかいうような言い方をする。抽象的な形而上の問題も、どこまでも具体的な現実の生活の場で考える。だから、インド大乗仏教の思想的結晶である「仏性」論も、中国人の手にかかると、日常の威儀作法の上で具現する「道」となる。これが「平常心是れ道」（馬祖）という「禅道仏法」である。これは明らかに、インドの「仏性」論が中国的な「礼」の道として、中国的に、実際的に日常生活の上に展開したものである。

　ある僧が趙州《じょうしゅう》に、「私は新参の雲水です。どうか老師、ご教示を」と言うと、趙州は「おまえ粥座はすましたか」と言った。僧が、「すましました」と答えると、趙州は言った、「そんなら、持鉢《じはつ》を洗っておけ」。その僧は、「はっと気がついた」（『無門関』第七則）。

　朝のお粥を食べるところ、食事がすんで食器を洗うところ、そこで「心性本清浄」の「仏性」がほんとうに働くかどうか。そこに人生にとって最も大事な「道」がある。そこが禅道仏法の死活の岐れ路だと言うのである。

　思えば、この趙州が十七歳で悟りを開いた機縁そのものが、師の南泉との次の問答によるものであった。

趙州が「道とはどんなものですか」と尋ねたとき、南泉は「ふだんの心が道だ」（平常心是れ道）と答えた。趙州が「それをめざして修行してよろしいですか」と問うと、南泉は言った、「めざそうとすると、すぐにそむく」。趙州、「めざさなかったら、どうしてそれが道だと知れましょう」。南泉、「道は〈知る〉とか〈知らぬ〉とかいうことに関わらない。〈知る〉というのは、妄覚だ、〈知らぬ〉というのは無記（ノウ・コメント）だ。もしほんとうに〈めざすことのない道〉に達したら、ちょうど虚空のようで、からりとして〈空〉である。そこをむりにああのこうのと言うことはできない」。趙州はこの師の一言のもとに悟った（『無門関』第一九則）。

「平常心是れ道」は、日本ではこの南泉の語でよく知られているが、実はその師の馬祖の語であった。禅者はこうして大乗仏教の「空」の思想を、「平常心」という日常生活の場に生きる体験の話として捉え、ひたすらそこに生きるのである。

雲門に『対一説』（対して一説す）の公案がある（『碧巌録』第一四則）。不顧庵禾山老師は、これを「語にて見よ」と言い、「下大夫と言えば侃々如《かんかんじょ》たり、上大夫と言えば誾々如《ぎんぎんじょ》たり」という『論語』の句を著《つ》けられた。まさしく「礼」そのものではないか。

2　作務・労働に生きた中国の禅僧たち

禅者の「仏性」論の生活化は、それだけに止まらない。彼らは、インドの出家道の伝統を超えて――それはインド仏教から言えば、明らかに逸脱してと言うべきであろう――在家道となっていった。インドの僧侶は、一切の生産事業に従事せず、生活のすべてを在家信者の布施によって、まったくの乞食行《こつじきぎょう》に徹した。しかし、中国の禅僧は、そこでいわば破戒の鍬を天高く振り上げて大地を耕し、牛を駆って田畑を開き、農耕によって、みずから生計の資を得べく、進んで生産労働に励んだ。「一日作《な》さざれば、一日食《くら》わず」（百丈《ひゃくじょう》）は、そうした禅者の生活信条であった。

百丈和尚は老齢になっても、自身で作務《さむ》をやめなかった。あまりの痛わしさに、弟子たちが、もうおやめいただきたいと願っても、やはりみずから率先して労働に出て来られる。あるとき係りの者が和尚の鎌を隠した。道具がなければ、仕事をやめるだろうと思ったのである。和尚は、その日、作務を休んだが、そのかわり食事をしなかった。なぜ食事をなさいませんかと訊くと、和尚は言った、「働かない日は、その日はものをよう食べない」と。『易経』に、「天行健なり、君子以て自彊《じきょう》（みずから努めて）息《や》まず」の語があった。イエス・キリストも、また言う、「天の父は常に働きたもう。故に子もまた働くなり」と。

この百丈によってはじめて禅院生活の規矩（規則）が決められた。「清規《しんぎ》」（清衆＝雲水の生活規則）という。その中に〝肉体労働〟の定めがある。「普請《ふしん》」とも言われ、〝上下力をひとしくして、普《あまね》く一山の全員に請うて、生産労働に従事する〟意である。これが今日も禅宗の道場の一大特色となっている「作務」である。在家の禅会でさえ、修行者はただ坐禅するだけでなく、必ずその前後に作務をして働く。そここそが、坐禅の静《じょう》中の工夫に対する動中の工夫の場だからである。だから、修行者は仕事がないときでも、みずから進んで仕事を見つけてでも作務に励む。

先年、ＮＨＫの国際協力テレビ「禅の世界」の制作に、少々陰の助力をした。ある方が、そのテレビを見られて、「秋月先生はほんとうにあのテレビの制作にタッチしたのか。それにしては説明がおかしい」と批判された。それは、臨済宗の正眼《しょうげん》僧堂の雲水たちが、作務をしているところの説明に、「働くときにも常に悟りを求めている」というような言葉があったからである。禅門の作務は、悟りを求めてするものか、そうではなくて悟りの働きそのものなのではないのか、という批判であった。まったくご批判のとおりである。作務は悟りの働きである。「般若の波羅蜜多行」（「心性本清浄」の「悟りの智慧」の完成・成就の修行）である。ただし、それは「生命の水が渠《みぞ》を流れていれば」の話である。かりに「渠」が成っていても、肝腎の「水」が流れていなければ、「本証の妙修」にはならないから、臨済宗の説明のように、「悟りを求めて」ということも間違いとは言えず、そんな考え方もけっしておろそかにしてはならない。しかし、かと言って、「悟りの働きとして」の作務ということの禅における真理性は、なんとしても否定できない。

3 「威儀即仏法・作法是れ宗旨」

「只管打坐」は、真禅の坐禅であったが、同時に道元禅の一大特色であったように、「威儀即仏法・作法是れ宗旨」は、また道元禅の一大特色であった。現に、道元禅師は、朝起きて洗面する作法、食事を作る典座《てんぞ》（台所主任）の仕事、そしてその食事をする仕方に、細かな修行の心配りを、厳しく綿密に説いている。文字どおりの「生活禅」を説くところに、道元禅の長所が見られる。禅師は、このことを、「不離《ふり》叢林《そうりん》」（叢林すなわち多くの雲水僧の集まる道場を離れない）の語で示された。たとえ生命の泉を見つけることができて、こんこんと生命の水が湧き出したとしても、それが自然に渠《みぞ》を成してこそ、立派な流れとなるからである。そうした如法な「作法」や「威儀」を学ぶには、道場で生活することが大切であるというのである。まさしく「威儀即仏法・作法是れ宗旨」である。

本来、臨済宗系の道場であった不二《ふじ》般若道場の夏期大摂心《おおぜっしん》で、こうした曹洞宗の如法綿密な行履《あんり》の大事なことを、身をもって、そしてまた時に語をもって、教えていただいたのは、先の永平寺貫首の秦慧玉《はたえぎょく》禅師であった。私どもは禅師が大本山永平寺の後堂職に出られる前の年の大摂心まで、禅師とともに修行して、こうした洞門の綿密の修行を学ばせていただく幸せを得た。今に感謝している。私がいささかそうした道元禅の宗風に触れることができたのは、多年の『正法眼蔵』その他の禅師の著書への傾倒に加えて、秦禅師その人に親しくそうした薫陶を得たことによる。私はこの宗風は、今日臨済門の人々も心して学ぶべき、「禅」そのものの大事だと信じている。

4　鈴木正三の在家仏法について

鈴木正三《しょうさん》（一五七九―一六五五）は臨済宗の大愚《だいぐ》に就いて得度した禅僧であるが、自分で建てた数多くの寺は先祖伝来の曹洞宗に属させている。だから、曹洞宗の禅僧というべきであろう。私はこれまで「生活禅」の系譜を、中国祖師禅の「平常心是れ道」から説き起こして、道元禅師の「威儀即仏法・作法是れ宗旨」の禅まで見てきたが、この「只管」の「生活禅」を今日的に行き着くところに行き着かせたのが、正三道人の「在家禅」であると思う。日本近世の道心僧、中年坊主であったこの人の禅は、近代日本の仏教の問題を先取りしていて、禅の現代における問題を探る上で、まことに注目すべき先駆者と言わなければならない。そして、それはまた道元禅の今日的展開の一つの大事でもあると思う。

「平常心是れ道」と説く「禅」においては、会社員が自分の仕事に精魂を打ち込んでいく、教師が学校で学生を教育する、職人が工場で製品を作る、という姿がそのまま仏法の実践であり、道元禅師のいわゆる「本証の妙修」であり、「仏作仏行」でなければならない。すでに、『法華経』に、そこを「治生産業、みな実相と相違背せず」と言ってある。

鈴木正三は、「死んだ後の成仏よりも、只今生きて自由に働くことが大切だ」と主張した。彼は、「世間の用に立つのが真の仏法である」と言い切っている。仏法を世間で「三宝」だというが、三宝と言うからには、第一「世間の用に立つ」ものでなければならない。そうでなければ「三宝の名は偽りではないか」と言って、「仏法なくして世間は自由に使われない」ということを強調した。そして、「世法にて成仏する」と言って、「世間をそのまま仏法に用いるのでなければ、真の仏法ではない」とまで言っている。徳川初期の近世社会で、こうした「在家仏教」を明確に主張して、その主著『万民徳用』の中で、「仏法は渡世みすぎに使う宝である」と言い切っているのである。

こうして、正三は、農民が畑を耕すところに、職人が物を造るところに、あるいは商人があちらにあるものをこちらに移して、人々に不自由がないように働くのも、すべて「仏法」だと言うのである。「治生産業、みな自由と相違背せず」という立場から言うと、「出家仏教」よりも「在家仏教」こそが、大乗仏教の中心だということになろう。そういう立場から言うと、僧侶などというものは、結局は社会の寄生虫だということにもなる。みずから額に汗して生産労働にたずさわる者こそが、歴史の担い手なのだから、仏法もまた当然そうした人々のための「在家仏教」こそが中心でなければならない、ということになる。

正三は、「労働」を尊しとして「生産活動」を神聖な業務と考えた。そこから正三は、みずから武士から僧侶になって、在家は片手打ち、出家こそが双手《もろて》打ちで、出家に修行の便のあることを認めながら、その出家が社会の寄生者であるとして深くみずから恥じて、もう一度この世に生まれ変わるときは自分はお百姓になって、自分の食べた以上に世の中に食料を返したいと言う。

面白いのは、彼の商業観である。一般にどこの国でも、商人を蔑視する風潮が強いのに、彼は、「売買の作業は、国中の自由をなさしむべき役人として、天道から与えられたものだ」として、もし商人がいなければ、国中の人が不自由をする。ある所に物がたくさんかたまっていて、ある所にはまったくない。そこを商人がいて、商品の流通・売買をするおかげで、国中の人が「自由」を得る、庶民が不自由でなくなる。だから、商売は天が商人に与えた使命なのだ。商業とはそういうものである。言い換えれば、商人は「天道の役人」である、と言っている。

これが、なんと十六世紀の日本の武士あがりの禅僧の意見なのだから、正三がいかにユニークな禅の思想家であったかを知ることができよう。

こうして、私どもは、道元禅師の「本証妙修」の「生活禅」の路線の延長線上に、正三の「在家仏教」を見ることができる。しかし、それはあくまで「仏法が世法である」ということであって、その逆の「世法が仏法である」ということではない。「仏法即世法」と「世法即仏法」とのあいだには、けっして逆にすることのできない「不可逆」の秩序がある。どこまでも「仏法」が主体である。どんなに「在家仏教」が大乗の帰結であり、時代相応の仏法でも、在家と仏教とが癒着したのでは仏法は死んでしまうことを忘れてはならない。あくまで「本証」が「妙修」するのである。「般若」の自発自展の「波羅蜜多」行でなければならない。

六　『修証義』の仏法とはどんな禅か

1　『曹洞教会修証義』について

先に、日本曹洞宗の「生活禅」すなわち「威儀即仏法・作法是れ宗旨」の禅について述べた。ここでは、明治以降近代の日本曹洞宗で布教のテキストとされる『修証義《しゅしょうぎ》』の説く禅について考察してみたい。

『修証義』について、私はかつて次のように書いた（小著『「正法眼蔵」の奥義』ＰＨＰ研究所刊参照）。

『曹洞教会修証義』、略して『修証義』は、明治初期に、日本曹洞宗の統一した「信仰指導のテキスト」として、同教団において、明治二十三年（一八九〇）に制定されたものである。

明治二十三年といえば、維新後の新しい国造りの上でも、重要な時期であった。前年の二十二年に第一回帝国議会が召集されて、ようやく立憲国家としての形ができ、同年十月三十日には、『教育勅語』が発布されて国民教育の指導理念が確立された。こうした新しい時代の流れに応ずるために、「曹洞宗の教育仏勅語」として制定されたものが『修証義』であると言えよう。

この本は全文三十一節三千七百四字から成っていて、ほんのわずかなつなぎの言葉を除けば、一字一句すべて、道元禅師の『正法眼蔵』のあちこちから断章取義的に抜き集められた文章から出来上がっている。しかし、全体を五章に分けて章名を立て、一巻の書として、「統一ある思想」を述べるように編集した上で、まったく新しい書物として世に出されたものである。だからこれは、その一字一句は道元禅師の『正法眼蔵』のものであっても、本来『正法眼蔵』とはまったく別の本として理解すべきものである。

しばらくその制定の由来をたどってみると、明治の新国家の国造りのなかで、宗教としては何と言ってもキリスト教の活躍がめざましかったが、それに対して仏教各派もじっとしておれずに、各派熱心な信徒教化に乗り出した。曹洞宗においても、明治二十年に「曹洞扶宗《ふしゅう》会《かい》」という私的な会ができて、曹洞宗を扶《たす》けて、その布教教化に協力しようとした。そこで、当然のことながら、一宗の信仰指導にとっての統一的な原理の確立が要望された。

そこで考えられたことは、道元禅師の立場としては、「只管打坐」が正《しょう》門《もん》であるけれども、専門僧侶にはともかく、一般の信者にそれを課することはとうてい困難であるから、出家・在家を通じて、禅師が勧められた「授戒《じゅかい》」(戒を授けること)を中心にした布教をするのが、今日の「時代相応の教え」として最も適当ではないか、ということであった。道元禅師も、永平寺に移る以前の十一年間に、京都付近で二千余人の人々に戒を授け、永平寺入山後も、鎌倉の執権北条時頼とその一族に授戒している。

こうして、「授戒」を中心に据えた曹洞宗の新しい布教指導書ということで、曹洞扶宗会によって『洞上《とうじょう》在家《ざいけ》修証《しゅしょう》義《ぎ》』というものが制定された。これは「曹洞宗における在家信者のための修行と証悟の手引」という意味であり、明治二十年ごろに作られた本である。この本の編集に当たったのは、曹洞扶宗会の発起人の一人である大内青巒《おおうちせいらん》であった。

青巒は、生まれは仙台の人で、いったん出家して曹洞宗の僧となったが、新しい時代に活躍するためには居士身《こじしん》のほうが働きやすいと考えて還俗《げんぞく》した人で、明治から大正にかけて最も傑出した仏教者の一人であった。西本願寺の若い法主《ほっす》の先生をしたこともあり、曹洞宗では本山貫首の相談役も務めた。

青巒は、この本を編むために、本山版の『正法眼蔵』を七回も繰り返して読んだと言われる。そこから資料を抜き出すためである。他方、そのための参考としたのが、『洞上《とうじょう》正宗訣《しょうじゅうけつ》』と『永平正宗訓《しょうじゅうくん》』であったという。これは、それより五十年ほど前に本秀《ほんしゅう》幽蘭《ゆうらん》という人が、『正法眼蔵』などのなかから、有益で平易な文を集めて作った本で、青巒の『洞上修証義』のなかの半数以上の句が、この二つの本に見出される。もう一つ、『永平家訓《えいへいかくん》』という本があり、これは先の二書よりさらに百年ほど前に、面山瑞方《めんざんずいほう》という徳川時代の曹洞宗学の大家が著わした本である。これは道元禅師の家風を説いた本であるが、『正法眼蔵』からの引用は一つもなく、すべて『永平広録』に依っている。青巒は、この本を『洞上修証義』の構成の上で活用した。それで、青巒の『洞上修証義』は、幽蘭の『洞上正宗訣』と『永平正宗訓』の『正法眼蔵』からの抜き書きを、面山の『永平家訓』の項目によって分類して組織立てたものということができる。

『洞上修証義』は三十二節から成り、それに前文と序文とを加え、全体で四千字余りのもので、現在の『修証義』より三百字ほど多い勘定になる。扶宗会では、これを在家信者が仏前で読経することを、曹洞宗信者の信仰行事として統一しようと考えて、これを公式に採用してもらいたいと、宗門に願い出た。そこで明治二十二年、曹洞宗の宗議会でこれを宗門で公式に採用することに決定したが、その前に両本山の貫首が責任をもって全面的に改訂することとなった。時の永平寺の貫首は滝谷《たきや》琢宗《たくじゅう》で、総持寺貫首は畔上楳仙《あぜがみばいせん》であった。しかし、畔上貫首が曹洞宗管長となったために忙しいので、主として滝谷貫首によって全面的な改訂が行なわれて出来上がったのが、現在の『修証義』である。そして、この改訂本は、「在家信者のため」というだけでなく、「僧侶と在家の区別なく普《あまね》く」「曹洞宗教化《きょうけ》の標準書」と定められ、両本山貫首の名において、明治二十四年の一月から全宗門に行なわれることになった。現に、今日、曹洞宗の法会はもとより在家信者の仏前の読経において、その低音の快い響きをもつ読経合唱として親しまれている。

『修証義』は全体が五章三十一節から成っている。第一章「総序」は、『修証義』全体の序文であり、仏教の目的から因果業報《ごっぽう》の思想などが説かれ、第二章「懺悔滅罪《さんげ》」では、その因果の上でのこれまでの悪業《あくごう》を懺悔し、次の受戒への準備が説かれ、第三章「受戒入位」では、『修証義』の中心である仏戒を受けて仏の位に入る大事が説かれ、第四章「発《ほっ》願利生《がんりしょう》」と第五章「行持《ぎょうじ》報恩」では、戒を受けてすでに衆生から仏位に転じた者の、大乗の菩薩としての願行《がんぎょう》の報恩生活が説かれる。

2 『修証義』は「受戒」による救いを説く

すでに述べたように、『修証義』は、今日では「僧侶と在家の区別なく普く」「曹洞宗教化の標準書」と定められている。しかし、もしそうなら、それは明らかに道元禅師の「端坐参禅を正門とする」という「只管打坐」の教説に背くことになる。と言うのは、この『修証義』という本には、不思議なことにどこにも「坐禅」のことが出てこないからである。では、この本は何を主張しているのかというと、これまたすでに述べたように、「坐禅」に変えて「受戒」を主張し、受戒によって救われることを、曹洞宗教化の中心に据えているのである。

まず、その中心思想を示す文章を読んでみよう――

世尊明らかに一切衆生の為に示しまします、「衆生、仏戒を受くれば、即ち諸仏の位に入る。位、大覚に同じうし已《おわ》る。真に是れ諸仏の子《みこ》なり」と（Ⅲ―十六―2）。

現代語に直してみると、次のようになる――世尊は、はっきりと一切の衆生のために次のように示していられる、「衆生が仏戒を受ければ、ただちにそのまま諸仏の位に入る。もうその位は大覚と同じになってしまった。まさしく諸仏の御子《みこ》である」と。

この一節が、『修証義』の肝腎要のいちばん大事な思想を表現したところである。第三章の章名の「受戒入位」という言葉の出処もここにある。実は、この直前の「受戒すると、諸仏の所証である無上正等正覚《しょうとうしょうがく》という金剛不壊《ふえ》の仏果を証する」という文から引き続いて、その証拠として、この「衆生が仏戒を受けると、ただちにそのまま諸仏の位に入る。位は大覚と同じになってしまった。受戒した者は、まことに諸仏の御子である」という経典の語を引いているのであるから、『修証義』の肝腎要の大事な思想を述べたところと言えば、この前後の二節である。

この「衆生、仏戒を受くれば、即ち諸仏の位に入る。位、大覚に同じうし已る」という語は、『梵網《ぼんもう》経』に見えるもので、これは大乗経典である。道元禅師はこれを釈尊の言葉と信じて、前節の所説の証拠としてここに引用しているのである。これが歴史的な釈尊の言葉であろうとなかろうと、そんなことは禅では問題ではない。道元禅師は昔の人だから、そう信じて引用した。今日の我々は、「悟れば、誰でもみな釈迦牟尼仏である」（これも道元の語）という、その釈尊の語として受け取ればよい。

「受戒のときに、ただちにそのまま（これが、ここにいう「即」という漢字の意味である）仏の位に入る、位は大覚と同じになった」という、この仏陀の言葉が指し示す宗教的実存の事実への「信」こそが大事である。『修証義』は、この「信」を決定《けつじょう》して「戒」を受けよ、と説くのである。ただそれだけのことである。要は、この一念の「信」の有無である。

道元禅師は、「本覚」門の立場に立つ方だと言われるけれども、また「この法は人々《にんにん》分上に豊かに具われりといえども、修せざるには現われず証せざるには得ることなし」と言って、同時に明らかに「始覚」門的な立場をもちゃんと説いている。本覚門一辺倒では、けっしてない。そして、仏法は「端坐参禅を正門とする」と主張して、「只管打坐」をもって、自らの宗風とした方である。だから、「道元禅」を説くのなら、まず「坐禅」を中心に据えなければならない。しかし『修証義』の作者は、それを「知って故《ことさら》に犯」して、「坐禅」でなく「受戒」を中心にした教えを立てたのである。

それはなぜかと言うと、「坐禅」という「行」を中心にすれば、どうしても一般大衆には縁遠くなる。それよりは「受戒」という、行は行であっても、たぶんに「信」を媒介にする行を中心にするほうが、文字どおり一切の衆生を仏道に入らせるという、大乗の菩薩の願による教えとして優れているという、すなわち「証位安心」（証《さと》りによって安心する）よりは「信位安心」（信仰によって安心する）をという心が、そこに明らかに働いていると言えよう。そこに、私は『修証義』の一巻にこもる「大悲心」を見るものである。それがはたして、道元その人のほんとうの心に契《かな》うか契わないかは別として……。そこで、『修証義』では、道元禅師の根本主張であった「坐禅」を裏に潜めて、「受戒」を表に立てたわけである。
「受戒しただけで、ただちにそのまま仏の位に入る」というのは、受戒のときにただちに「戒体」が生じて、「仏として本来の自己」が働き始めるからである。「本証が妙修《みょうしゅ》するところに働くもの」という点では、「坐禅」も「受戒」もまったく変わりはない。その点で、「受戒」を表に立てた教えを説いても、道元禅師の基本思想にけっして背かないと思う。

それにしても、「受戒」のときに、何としてもまず「衆生が仏戒を受ければ、ただちにそのまま諸仏の位に入る、位は大覚と同じになった。まことに諸仏の御子である」ということを信じて、その上で「戒」を受けることが大事である。このことは、『修証義』は、はっきり言っていないけれども、大事なことなので、特にここに述べておきたい。

ほんとうの「信」には、常にそこに、何らかの「智」が働いている。ほんとうの「信」には「覚」に通ずるものが必ずある。いや、宗教の極致においては、「信」と「覚」と紙一重といった消息がある。「信」と「覚」とがはっきり分かれるというのは、俗流の自力者流と俗流の他力者流のあいだでだけである。だから、『修証義』の受戒思想において、私は、特に受戒者に先の『梵網経』の指し示す宗教的実存の事実に対する「信」を強調したいのである。この一念の「信」が、受戒の端的に、我々の仏としての「本来の自己」の本証の妙修的働きにスイッチを入れる役目をするからである。私はそこに大きな宗教的な意義を見る。

しかし、もう一歩進めて言えば、たとえその「信」がなかったとしても、「受戒」にはここに説かれるような功徳があると言ってよかろう。かりに受戒者に何の意識がなくても、「受戒した人は、ただちに仏の位に入る、仏の御子である」。受戒には、それだけの力がある。実はこう読むほうが『修証義』の原意であったかも知れない。

そして、「位、大覚に同じうし已る。諸仏の子なり」というのは、そこに「本証」が「妙修」し始めるということであって、そのことはただちに「般若（心性本清浄）の波羅蜜多（完成）」、すなわち「悟りの智慧の完成」の成就ということではない、とも言うこともできる。と言うのは、天子の御子が皇太子の位に即いても、まだ天子その人ではないというように、ここの「仏の位に入る。位、大覚に同じうし已る」という一文も、真宗的に言えばまだ「正定聚《しょうじょうじゅ》」の位にとどまり、それがただちに妙覚果満の「仏果」の究竟位ではないと読むことも、また可能だからである。

七　道元禅師の「十六条戒」について

1　帰依三宝

一般の仏教では、まず「三宝」に帰依して、そののちに「戒」を受けるのがふつうであるが、道元禅師は「帰依三宝」をも「戒」と考えて、「三帰戒」と言った。受戒入位に当たって、まず仏・法・僧の三宝に帰依することが受戒の最初の大事だとした。

禅師は言う（以下、私の口語訳で引用する）。

深く仏と法と僧の三つの宝を敬いたてまつるべきである。生まれを変え身を変えても、三宝を供養したてまつることを願うべきである。インドでも中国でも、仏陀や祖師方が正しく伝えられたところは、仏・法・僧の三宝を恭敬するということである。

幸うすく徳の少ない衆生は、仏・法・僧という三宝の名前さえ聞かないのである。まして、三宝に帰依したてまつることができようか、できないのである。

徒らに自分に迫ってくるものを恐れて、山の神とか死人とか他の神々とかいうようなものに帰依したり、あるいは仏道以外の宗教の霊廟に帰依してはならない。彼らはそのような帰依によって、もろもろの人生の苦悩を解脱することはないのである。

早く仏・法・僧の三宝に帰依して、人生のもろもろの苦悩から解脱するだけではなく、菩提すなわち悟りを成就すべきである。

その「帰依三宝」の仕方は、浄らかな信の心になりきって、あるいは釈尊がこの世にいらした時代でも、あるいは釈尊がこの世を去られた後でも、まったく同じことであって、合掌し、頭を深く下げて、口に「南無帰依仏、南無帰依法、南無帰依僧」と唱えるのである。云く、

「仏は偉大な師であるから帰依します。仏法は人生の病いをいやす良薬であるから帰依します。僧はすぐれた友であるから帰依します」

仏弟子となることは、必ず三帰戒によるのである。どんな戒を受けるときも、必ずこの三帰戒を受けて、そののちに諸戒を受けるのである。そういうことであるから、三帰戒に依って「戒を得る」ということが成立するのである。

この仏・法・僧の三宝に帰依する功徳は、必ず感応道交するときに成就するのである。たとえ天上界・人間界・地獄界・畜生界であっても、感応道交すれば必ず帰依するのである。

すでに我々が三宝に帰依したてまつるときは、生々世々《しょうじょうせぜ》、在々処々、いついかなるときもいかなる場所においても、その帰依の力がますます成長し、必ず功徳が積み重なって、無上正等正覚が成就するのである。だから、三帰依の功徳は、最も尊く最上の甚だ深い不可思議なものであるということを知るべきである。これはすでに世尊が証明してくださっているところである。衆生は当然これを信受すべきものである。

2 三聚浄戒

禅師は言う——次に、三聚浄戒《さんじゅじょうかい》を受けなければならない。第一には摂律儀戒《しょうりつぎかい》であり、第二には摂善法戒《しょうぜんぼうかい》であり、第三には摂衆生戒《しょう》である。

道元禅師の「十六条戒」のうち、第一が先の「三帰戒」であり、第二がこの「三聚浄戒」である。この「三聚浄戒」というのが、一般に「大乗菩薩戒」と言われるものであって、さらに次に述べる第三の「十重禁戒」は、この三聚浄戒のうちの「摂律儀戒」を説く上で、その戒相を詳しく述べるものである。この三つで「十六条戒」が成り立っている。

奈良仏教系統の「戒」は、「小乗戒」ないし「権大乗戒」で、比叡山の「戒」は「一向大乗戒」であると言われる。比叡山の戒壇で受戒して出家になるときは、まず「十重禁戒」を受けて、菩薩沙弥《しゃみ》小僧となり、その上に「四十八軽《きょう》戒」を受けて、菩薩比丘となる。そうしてはじめて大乗仏教の大僧になる。

だが、道元禅師は、出家・在家の区別なしに、「三聚浄戒」を受け、「十重禁戒」を受けることを説き、「四十八軽戒」のことには何も触れていない。その点、同じ「大乗菩薩戒」でも、比叡山の戒とも異なっている。

ここで、「戒」ということを改めて説明しておくと、インド語では「シーラ」と言って、〝習慣〟を意味する。習慣には、善い習慣と悪い習慣とがある。だから、「悪戒」も「善戒」もあることになる。だが、「戒」というときには、〝善い習慣〟を意味する。仏教では、「戒」は、大きく「小乗戒」と「大乗戒」に分けられる。言うまでもなく、道元禅師の戒は、「大乗戒」である。これをまた小乗の「有相戒《うそう》」と大乗の「無相戒」ともいう。

インドの初期仏教以来、「戒」には、「止悪門」といって悪事を止める戒と、「作善門《さ》」といって進んで善事を作《な》させる戒の二つがある。その「止悪門」が、ここにいう「摂律儀戒」に当たる。〝すべての律儀が摂《おさ》められている戒〟という意味である。「律」は、インド語では「ヴィナヤ」と言って、〝こうしてはならぬ〟という〝僧院の掟《おきて》〟であり、「儀」は、我々の〝身の行ない〟すなわち〝行儀〟とか〝威儀〟の意味である。一切の悪いことは犯すまいというのが、この戒である。

次に、「作善門」が「摂善法戒」に当たる。すなわち〝すべての善法を摂める戒〟である。「戒」には、すでに述べたように、一般の人々がすぐに考えるように、ただ「悪いことをしない」(止悪門)というだけではなくて、「進んで善いことをする」(作善門)という二つの面がある。たとえば、「盗むな」というのに対して、「進んで人に施せ」というのが、それである。

しかし、「大乗戒」は、「悪いことをしない」「善いことをする」というのも、結局はただ自分のためにだけするのではなくて、大乗菩薩の「願」によって、一切の衆生を救おう、みんなを仏の自覚に入らせようとするのであるから、これを「摂衆生戒」というのである。〝すべての衆生を摂め取る戒〟という意味である。だから、またこれを「饒益有情戒《にょうやくうじょうかい》」(「有情」は〝生きもの〟の意で、「衆生」に同じ)ともいう。大乗の菩薩たる者は、寝ても覚めても、この「摂衆生戒」に生きなければならないというのである。

第一の「摂律儀戒」と第二の「摂善法戒」は、すでに小乗仏教においても説かれているが、この第三の「摂衆生戒」ないし「饒益有情戒」は、これは「大乗」仏教特有の戒である。

「三聚浄戒」の名称は、『瑜伽論《ゆがろん》』に初めて見え、「十重禁戒」は、「四十八軽戒」とともに『梵網経』の説くところである。

話は飛ぶが、白隠禅師は、正受老人《しょうじゅろうじん》のもとで大悟したのち、松本の慧光院《えこういん》で小乗の具足戒〈比丘戒〉を受けようと思った。そのときに正受老人は、「わが禅門に〈無相心地戒〉がある。仏祖から的々相承して、自分にまで至っている」と言って、達磨伝来の「自性戒」（達磨一心戒）を説いて授けた。これを聞いて白隠は涙を流して謹んで受けたという。

道元禅師もまた、先師如浄の教えとして、「薬山《やくざん》の高沙弥は、〈比丘戒〉（小乗の具足戒）は受けなかったが、仏祖正伝《しょうでん》の〈仏戒〉を受けなかったのではない」と言って、「具足戒・比丘戒」という「小乗の有相戒」と、「仏祖正伝の仏戒」とを、はっきり区別している。これがいわゆる「大乗の無相戒」（「無相戒」は六祖慧能《えのう》の主張）である。禅師は、また言う、「この受戒の儀、必ず仏祖正伝せり。丹霞天然《たんかてんねん》・薬山《やくざん》の高沙弥等、同じく受戒し来たれり。〈比丘戒〉を受けざる祖師はあれども、この仏祖正伝の〈菩薩戒〉を受けざる祖師いまだあらず」と。私は、この禅師の言葉によって、「有相戒」である「小乗の比丘戒」によらず、ただ「無相戒」である「大乗の菩薩戒」だけで、受戒して僧になれるという立場に立っている。いや、僧だけでなく、居士・大姉でも、この「大乗の仏戒」を受けるだけで、「仏位」に入り、「仏子」として生きることができると信ずるものである。

3　十重禁戒

禅師は言う——次に、十重禁戒を受けるべきである。

先に、「三聚浄戒」の第一の「摂律儀戒」について述べた。それは、〝すべての悪いことをすまい〟という戒であった。しかし、それだけでは、具体的に〝どんなことが悪いことか〟は、分からない。そこで、その〝悪いこと〟というのを、十カ条に分けて説くのが「十重禁戒」である。悪いことのなかで、最も「重い」のが、「重禁戒」である。まず身《しん》・口《く》・意《い》の「三業《ごう》」に当てると、「身」の戒が三つ、「口」の戒が四つ、「意《こころ》」の戒が三つ説かれる。以下、私はこれを、「有相戒」と「無相戒」の両面から、簡単に説いてみる。そして、その基本にあるのが「無相心地戒」であるから、そのことについても、触れておく。

第一、不殺生戒

これは、「有相戒」から見れば、「生きものを殺すな」という消極的な意味（止悪門）と、同時に進んで「生き物の生命《いのち》を大切にせよ」という積極的な意味（作善門）とを併せ持つ。しかし、それを「無相心地戒」（達磨一心戒）から見ると、自己の本性（自性）は霊妙なもので、常住不変なものである、その不生不滅の本来の自己の「法」（存在のあり方）において、その自性に生があり死がある、すなわち常住の自性に生滅があると誤り見ること、すなわちこの「無明《むみょう》」（迷い）の見解《けんげ》こそが「殺生」ということなのである。「殺生」とは、「空」の立場から見ると、そういう「無明」すなわち「般若」（悟りの智慧）の欠如であり、「本来の自己」の頽落態だというのである。

そこで、「不殺生戒」というのは、有相戒としては「生き物を殺さない」ということ、せいぜい「生き物の生命を大切にする」ということであるが、無相戒としては、自性は霊妙で常住不変である、不生不滅であると見る「般若」の立場から、凡夫の見る生滅があり、死があり生がある、とする二見を生じない、すなわち「無相の自己」に生きぬいて、生滅・生死の二見に堕ちない、というところに、この戒を見る仏法の基本がある、ということである。

なお、「般若」の立場に立つと、そこに禅師のいわゆる「莫作《まくさ》の力量」（作るなかれでない、作るなしという力）が現前して、「生きものを大切にせよ」ではなく、「大切にせざるを得なくなる」のである。そこに「般若」の自発自展としての「持戒波羅蜜多」の秘密があるのである。

第二、不偸盗《ちゅうとう》戒

これも、有相戒としては、「他人の物を盗むな」、「自分の物を他人に与えよ」ということである。「偸」も「盗」も〝ぬすむ〟の意である。そして、これも無相戒の立場から見ると、自性は霊妙で、本来無一物であって、これといって対象的に得られるものは何もない。そうした「不可得」の法の上で、何かが得られるという「可得」の見解を生ずること自体が、「空」の悟りの上から見ると「盗み」ということになる、というのである。

「本来無一物」のところに、何で盗むとか盗まないとかいう沙汰があろう。「自性」すら不可得なのに、何でそこに自我を立てて、わが物・他人《ひと》の物という差別を立てるのか、というのである。

第三、不《ふ》邪淫《じゃいん》戒

これは「邪淫」を戒める、在家に対する戒である。出家に対しては「不淫」という。その場合は、絶対に男女の交わりをしない。「邪淫」は在家に対して、〝邪しまな交わりをするな〟というのである。「さらぬだに重きが上の小夜《さよ》衣わが妻ならぬ褄《つま》な重ねそ」である。

これも、無相戒から見れば、自性は霊妙で、本来何ものにも執われないものであるはずなのに、その「無著《むじゃく》」の法の上で愛著の見を起こすことがおかしい、というのである。男を見て女を見て、男女の差別に執われず、相手をまず真人と見て生きる生き方を説くのが、この戒の基本である。その上で改めて男を見、女を見るのである。

第四、不妄語戒

有相戒では、嘘を言わない、誠実なものの言い方をするということである。無相戒では、自性は霊妙なものであって、その体験のぎりぎりのところは説くことができない、その「不可説」の法の上で、何かが説けると思うこと自体が、すでにこの戒を犯しているというのである。「本来の自己」のところは、一切の言説を絶している。そこでは、嘘言も至誠の言説も、一切「虚仮《こけ》」であるというのである。しかも、そこになお大悲心から、黙っておられずに、その説くことのできぬところを他の救いのために何とか説こうと努めるのが、大乗の菩薩である。

第五、不酤《ふこしゅ》酒戒

「酤」の字は、〝売る〟の意。自分が「酒を飲まない」だけでなく、「他人にも飲ませない」というのである。「不飲酒戒《ふおんじゅかい》」ともいう。「酒を飲まない」というのは、酒だけでなく、「一切のものに酔っ払わない」、常に「覚めている」ということである。禅僧はとかく酒にはだらしないが、酒を飲み、何かに酔うのは仏戒を犯していることを肝に銘ずべきである。仏とは覚者の意なのだから。

釈尊の説かれた「正見」を見失っているのが「無明」である。我々は「本来清浄」の自性を見失って、「無明」の酒に酔う。そこで修行して「悟り」を開き、そして「法」を得る。すると、今度は、またその「法」に酔う。とかく、常に何かに酔っ払って「覚」に背くのが、衆生の常である。

第六、不説過戒

他人の「過《あやまち》」を説かない、他人の善いところを進んで口にする。もともと「本来空」の自性の立場に立てば、一切の「過患《かげん》」というようなものはあり得ない。それなのに、その「空」の立場に徹しきれないから、「自他不二」のところに自・他としての「人《にん》・我《が》の見」を起こして、他人の過ちをあげつらうことになるのである。そしてそれを、その他のためにする慈悲心だ、などと言ったりする。深夜ひとり自己の心中を顧みて恥ずかしくないのであろうか。いや、これはけっして他人事ではない。

第七、不自讃毀他戒《ふじさんきたかい》

「自分を讃《ほ》めて他人を毀《けな》すことをしない」ことをいう。自・他の対立を超えた「不二」の法門に徹するとき、「すべて衆生に仏性がある」と見て、どんな人でも拝んでいく常不《じょうふ》軽《きょう》菩薩の生き方ができるようになる。良寛は歌う――「比丘はただ万事は要らず常不軽菩薩の行ぞ殊勝なりける」。

第八、不慳法財戒《ふけんほうざいかい》

「慳」は〝ものおしみをする〟の意。ここには、「法」をおしみ「財」をおしむことを禁じ、「知っている限りのことを教えよう」「何でも自分の持っているものを与えよう」という「財施《ざいせ》・法施《ほっせ》」の「布施」を説く。「本来空」の真如の法の世界の上で、一つの現相（現われた相《すがた》）を慳《お》しんで、それに執われることはない、というのである。

第九、不瞋恚戒《ふしんにかい》

これは「怒り腹だつ」ことを戒めたもの。『維摩経』に、「仏の三十二相という、あの美しい相は、不瞋恚戒を持《たも》って、絶対に怒られなかったところから得られたもの」だとある。「貪《とん》・瞋《じん》・痴《ち》」の三毒煩悩のなかでも、最も戒むべきは「怒り」である。

第十、不謗《ふぼう》三宝戒

これは前に述べた「三帰戒」のことである。これを無相戒から見ると、真如の世界は一相平等で、そこに「仏」だの「法」だの「僧」だのという「相」を見ること自体が、この戒を犯すことになる。「仏見・法見《ほっけん》を払え」と言い、「殺仏越祖《せつぶつおっそ》」というのが、それである。臨済は、特にこのことを強調した。白隠禅においては、この臨済の言を受けて、その公案体系で般若の「無相心地戒」の眼で「戒」を調べるときにも、「三帰戒」を言わず、「三聚」と「十重禁」の「十三条戒」だけに止めた。ここらあたりやはり白隠禅と道元禅の家風の違いを示すものであろう。

これまで述べた三帰戒と三聚浄戒と十重禁戒は、諸仏がわが身に受け持《たも》って来られたところのものである。受戒すると、三世の諸仏が悟られた無上正等正覚という、ダイヤモンドのように何ものにも壊されない、仏に成るという果報をこの身に実証するのだ。いったい誰がこれを願い求めない者があろうか。

（以上、小著『「正法眼蔵」の奥義――「修証義」講話――』PHP研究所刊参照）

八　正受老人の「戒」思想について

1　大乗の無相戒と小乗の有相戒

雲照律師の存在は、廃仏毀釈後の腐敗した明治の仏教界において泥中の白蓮の観があった。あるとき律師は、これも明治禅界の傑僧、曹洞宗の原坦山禅師と同席した。坦山は好きな酒をチビリチビリやっていたが、何を思ったか、いきなり「雲照さん、あんたもひとつどうじゃ」と、酒杯を突きつけた。律師は、むろん「不飲酒《ふおんじゅ》」戒厳守である。にがい顔をして、「拙僧、お酒はいただかぬ」と言うと、坦山は言った、「酒も飲めんようでは、人間じゃない」。さすがの律師も、いささかむっとした面持ちで、「人間でなければ、何ですか」と言った。坦山はすました顔をして言った、「仏さまじゃわ」。

律師が、これも一代の禅傑と称された臨済宗の渡辺南隠老師と、ある家で同席した。便所に行こうとすると、南隠が横になっている。律師はていねいに「少々お寄りいただきたい」と言う。南隠は「どうぞかまわず跨《また》いでお通りください」と言う。「それは困る、少し脇へ寄っていただきたい」。「ちっともかまわぬ。跨いでお通りください」。「いや、それでは拙僧たいへん困る」。「本人承知の上ですから、どうぞ」。こんな話を聞くと、さすがの律師も、禅僧相手では少々勝手が違ったらしい。

小乗の「有相戒」と大乗の「無相戒」の違いが、そこに光る。

禅界の大居士山岡鉄舟が、あるとき目白僧院を訪れた。律師が「山岡さん、あんたにも戒を授けようか」と言うと、鉄舟は言った、「本来何もないのに、何に戒をお授けなさるのか」。律師はぐっとつまった。鉄舟は袖うち払って去った。

「本来無一物」「真空無相」なのに、いったい何物に対して戒を授けるのか。雲照律師に代わってどう答えたら、鉄舟居士の気に入るだろうか。中川宋淵老師に初相見《しょうけん》のときに、老師は「秋月先生、さあどうですか」と、つめよられた。

その中川老師の師、山本玄峰老師に、次の逸話がある。晩年のある日、老師は「衲《わし》は禁酒じゃ」と言いながら、しきりに酒杯を傾けておられる。ある人が、「老師、禁酒と言いながら、酒を飲まれるのはどういうわけですか」と訊くと、老師は言われた、「衲のはきんはきんでも近酒《きんしゅ》じゃ」

2　六祖慧能の無相戒

大乗の「無相戒」は「自性戒」とも、「達磨一心戒」ともいう。達磨大師がインドから伝えたとされるが、実際は達磨から六代めの、中国禅宗の慧能禅師の『六祖壇経』の説に始まる。慧能は在家の居士身のままで五祖弘忍に嗣法して、中国禅宗第六代の祖師位に上ぼったが、師家として立つに当たって、出家して具足戒（小乗律に規定する比丘・比丘尼の戒。男僧の比丘戒は二百五十戒、女性の比丘尼戒は三百四十八戒とされる）を受けた。おそらく慧能自身は、「小乗比丘戒」の伝統に則った先の具足戒を受けて、出家となったものと考えられる。しかし、彼が禅の師家として法を説いたときには、禅宗独自の立場から、二百五十戒ないし三百四十八戒というような、具体的な禁戒を並べ称える「有相」の小乗比丘戒を退けて、「無相」の大乗菩薩戒を説いた。いわゆる「自性戒」である「一心戒」である。彼は、それこそが、初祖達磨によってインドから中国に伝えられた「仏心印」、すなわち「般若」の〝悟りの智慧〟そのものの働きとしての「自性戒」であるとした。

　慧能は「般若波羅蜜多」の法門を説いた。「般若」は〝悟りの智慧〟である。その中核は「心性本清浄」の自覚である。すなわち「仏性」（自性）の自覚体認である。そして「波羅蜜多」は〝完成〟である。その「本来清浄」（本来無一物）の「仏性」の実現即自覚《リアライゼイション》であり、そうした「本来の自己《セルフ》」の現実の自我《エゴ》への完成である。

　インド仏教では、これを「戒・定・慧」の「三学」の〝上ぼり道〟で説いた。持戒で自ら誓って生活を規制して、そのよく調った身心を禅定で統一・安定すると、悟りの智慧が開けると。しかし、それでは、「戒」や「定」や「慧」が、「三学」の〝三分の一〟の「戒・定・慧」となる。そこで、慧能は、「定慧一等・禅戒一如」と主張して、〝一分の一〟の「禅」を(「戒」を「慧」を)説いた。私は、このときはじめて「禅」仏教が成立したと見る。私たちの言う「祖師禅」は、だから、達磨というより慧能から始まる、と言ったほうが正しい。禅は、ただこの「般若」の「本来清浄心」という「一心」だけを「直指人心《じきしにんしん》」する。「戒」もまたこの「自性」の〝本清浄〟の自己の働きにほかならない。「般若」の「波羅蜜多」(自己《セルフ》の自我《エゴ》への実現成就＝完成)である。「自性戒」というゆえん、「一心戒」というゆえんである。「戒」は(「定」もまた)、「自性」の働きである。「自性」の自覚体認のないところには、この「戒」は働かない。これを先の「上ぼり道」に対して、「下だり道」と言う。「般若」から「持戒」へ、「般若」から「禅定」へである。これが、真の「般若―波羅蜜多」である。道元禅師のいわゆる「本証―妙修」である。ここに、禅師の「正伝の仏法」(ないし「全一の仏法」)と言われる仏法の秘密(＝玄旨)があるのである。

3　白隠禅師が正受老人から受けた「一心戒」

白隠禅師は二十四歳の春二月に、越後の高田の英巌寺《えいがんじ》で、みずから「この三百年来、自分ほど痛快に見性したものはない」という悟りを経験した。それから二カ月ほどたって、四月に信州の飯山に正受《しょうじゅ》老人を訪ね、そこで正受にいったん見性《さとり》を奪われて、改めてほんとうに徹底した大悟を経験することができた。このことは先にも述べたが、その翌月の五月に、白隠は松本の慧光《えこう》院の戒壇で具足戒（小乗比丘戒）を受けようと思って、老人にそのことを話すと、老人は落ち着いてゆったりとしたさまで、次のように語った、「わが禅門には〈無相心地戒〉という貴い大乗菩薩戒がある。これは〈達磨一心戒〉とも言って、般若を体得した〈一心〉にだけ授け得る〈無相戒〉である。仏陀釈迦牟尼から歴代の祖師方を経て、自分まで正しく伝えられたものである」。こう言って、「自性戒」（自性＝自己の仏性の働きとしての戒であるから、自性を自覚体認した者にだけ授け得る戒）を説いた。白隠ははじめてほんとうの「戒」のあり方を聞いたと言って、涙を流して正受から受戒した。これが白隠下に今日も伝えられる「無相心地大戒」である。

このときの正受の「説戒」の中に、次のような言葉があった、「この戒は〈見性〉（心眼を開いて仏性を徹見すること）の人でなければ、師も授けることはできないし、弟子も受けることはできない。〈自性戒〉というのは、〈如来の智慧〉である、〈般若〉である。三世十方の諸仏もただこの〈戒体《かいたい》〉（受戒によってこの身に現成する戒の主体＝戒の受肉）を伝えるためにこそ、〈四弘の願輪〉に乗じてこの世にお出ましになった、出世された。もしこの戒を得ようと思うなら、〈見性〉しなければならない」。

「無相心地戒」は、「戒」と言っても、「禅戒一如」の「戒」だから、それはそのまま「如来の智見」すなわち「般若」そのものにほかならない。「般若」（智慧）と言っても「戒・定・慧」の「三学」の〝三分の一〟の智慧ではなく、「三学」を打って一丸とした〝一分の一〟の「慧」だから、そうした「般若」を自覚体認して「般若」が「波羅蜜多」する体験をしたことのない者には、師匠も授けることはできないし、弟子もまた受けることができない。だから、「無眼子《むがんす》」といって、〝心眼の開けていない者〟に授戒することは、まったくのナンセンスだというのが、この正受―白隠の「戒」の考え方である。

4　禅門における二種の異なった「戒」思想

ここまで説いてきたら、同じく「般若の波羅蜜多」という思想に依拠しながら、ここにまったく相反する二つの「戒」思想が見られることに、読者各位は気づかれたことであろう。道元禅では、「般若」が「波羅蜜多」するというとき、その「般若」を「本覚」門から押えて、「本証」（本来の証悟）すなわち「始覚」的な証悟体験の有無を問題にしない。人間の「有為」的な世界を超えた「無為」のところで見られた、一種アプリオリ（先験的な本来の証悟）の自発自展としての「妙修」（凡夫の思議を絶した、不可思議な修行）としての「戒行」と見るのに対して、正受―白隠禅では、それを百も承知の上で、あくまでも

「始覚」的な証悟体験を強調して、「無眼子に授戒してもナンセンスだ」と言い切って退かないのである。

そこに見られる根本思想は、仏陀釈迦牟尼から小乗の比丘教団《サンガ》に伝承された「証位安心」の伝統である。それは、〝「証」（ないし「覚」）ぬきの安心〟を厳しく否定する仏法の考え方である。それに対して、今一つの仏法の考え方は、おそらく仏陀釈迦牟尼から在家の信者たちを経て、大乗の菩薩教団《ガナ》に伝承された「信位安心」の伝統である。

そこを、『梵網経』には、「衆生、仏戒を受くれば、即《ただ》ちに諸仏の位に入る。位、大覚（仏陀）に同じうし已《おわ》る、真に是れ諸仏の子《みこ》なり」と言う。衆生、すなわち迷える人間が、仏戒を受けると、ただちに、そのままで諸仏の位に入る。大覚者＝仏陀の位に同じになってしまう。それがほんとうの「諸仏の子」である、というのである。それを、衆生が戒を受けると、そのとたんに「戒体」が生じる、凡夫がそのままで、本来の「仏」（一切衆生、悉有仏性！）として生き始めるというのである。「現実の自我《エゴ》」（衆生）がそのまま「本来の自己《セルフ》」（仏陀）として働く、衆生が仏陀に成る――そうした成仏の大切な転機を「受戒」に見ようとするのである。ここに、明治以降日本曹洞宗が僧俗を問わぬ「布教のテキスト」とする『修証義』の根本主張があることは、すでに学んできたところである。

こうした「戒」の考え方は、何も日本曹洞宗だけでなく、日本臨済宗にもある。現に、今日臨済宗数千カ寺の住職僧侶のうちで、わずかに八十数名と称される日本臨済宗の師家方が、折りにふれて「授戒会《え》」といって、一般信徒に戒を授ける儀式を行なわれることがある。心ある住職方は、自分の住職している一代のうちに、少なくとも一度は有縁の師家・管長を招いて授戒会を開きたいと願っておられる。そうした「授戒会」の戒師に拝《はい》請《しょう》された師家方が、もしみずから正受―白隠の法孫（今日の臨済宗の師家は、その人法《にんぼう》（人から人へと伝わった法、寺の世代すなわち「伽藍法《がらんぼう》」に対する語）の法系は、すべて白隠下である）として、先のような厳しい「証位安心」の授戒をされようとしたら、現実には授戒会は成り立たない。それで、師家方は正受―白隠の「戒」の考え方を知って故《こと》らに犯して、あえて縁結びの授戒をされる。いや、そのときに限って、正受―白隠の「戒」の考え方でなしに、古月禅材禅師の「戒」の考え方に立って授戒される。

古月禅材禅師は、白隠の少し先輩で、当時は白隠と並び称された、いやむしろ妙心寺派の僧侶としては、白隠よりもずっと敬われた禅匠であった。それこそ明治以降の『修証義』の主張の近世における先駆者とも言える、『梵網経』による「大乗戒」の主唱者であった。その点、正受―白隠の「証位安心」の伝統に対して、より大乗的に「信位安心」の伝統を重んじた禅僧であった。私は、以前は、この古月下の「戒」を、禅にあるまじき考え方として否定するような発言をした時代もあったが、「新大乗」ということを初めて提唱した『在家禅のすすめ』（広済堂ブックス）以来、古月下の「戒」の考え方を、「縁つなぎの授戒」として認める立場に変わった。と言うより、先に述べたような道元禅師の「戒」の考え方に、まず仏教の「戒」の基本思想を見るようになったからである。

私は先に言ったように、六祖慧能を事実上の「禅仏教」の開祖と見る。そこに、「インドの禅＝如来禅」と「中国の禅＝祖師禅」の違いを見る。しかし、如来禅と祖師禅は「全同」（まったく同じ）にして「全別」（まったく別）である。それは、ある意味では、「小乗仏教」と「大乗仏教」についても言えることであろう。「小乗」は比丘を主とし、「大乗」は菩薩を中心にした。「菩薩」には、比丘・比丘尼も、居士・大姉も、区別はない。そこでは、本格的な「証位安心」とともに、大衆路線としての「信位安心」を、生かして使わなければならない。

釈尊の入滅を契機として、「法」による出家の仏教と、仏という「人格」に帰依を捧げる在家の仏教という二方向が生まれた――と言われるが、そうした出家仏教的傾向と在家仏教的傾向とは、私は、すでに釈尊その人の「根本仏教」の中にはっきり存在したと思う。とすれば、「証位安心」と「信位安心」とは、仏教「般若」の両足だと言わなければならない。「仏陀」は、「真人」は、「両足尊」でなければならない。

私は白隠の法孫として、正受―白隠の「戒」思想を尊重するとともに、後期道元思想においてあれだけ厳しい出家至上主義に転じた道元禅師が、その「戒」思想については、最後まで「衆生仏戒を受くれば、即ち諸仏の位に入る。位、大覚に同じうし已る」という「信」を貫いたことに、心からの合掌礼拝を捧げるものである。私はそこに禅師の「古仏」の心を、真の大乗の「大悲心」を拝むものである。

九　白隠禅の根本主張

1　白隠の仏教原論としての『坐禅和讃』

白隠禅師に『坐禅和讃』という一編の詩がある。文字どおり〝和語による「坐禅」の讃め歌〟である。これは見ようによっては、白隠の〝仏教原論〟と解することもできる。以下に、この一編の詩によって、白隠禅の根本主張をうかがってみたい。

2　白隠禅師坐禅和讃　㈠序説

第一節

衆生本来仏なり、水と氷の如くにて、
水を離れて氷なく、衆生の外に仏なし。

白隠禅師はまず「衆生本来仏なり」と歌い出す。これは言うまでもなく、日本天台の「本覚思想」を受けての立言である。いや、『涅槃経』にいわゆる「一切衆生、悉有仏性」（すべての衆生に、仏性がある）の語によって、大乗仏教の基本思想を宣言したものである。道元禅師の「本証〔妙修〕」の説と同じ立場である。彼は、それを水と氷のようだとして、水を離れて氷がないように、衆生のほかに仏はないという。両者は区別はできる（不可同）が、切り離すことはできない（不可分）。だからと言って、熱をさますために氷を買いに行って、水を買って来ても、さして効果はない。だが、大事なことは、氷のように自我に固まったのが衆生だが、氷も解ければ水になるように、衆生も無我にさえなれば、そのまま仏なのだという思想である。

第二節
衆生近きを知らずして、遠く求むるはかなさよ。
譬えば水の中にいて、渇《かつ》を叫ぶが如くなり。

長者の家の子となりて、貧里に迷うに異ならず。

衆生も自我の固まりが解けて無我になりさえすれば、そのまま仏なのだ。それほど近い仏を知らずに、それを遠くに求めるのは、何とはかないことか。

それはまるで水の中にいて、のどがかわいたと叫ぶような愚かさだ。それはまた『法華経』の例の「長者窮児《くうじ》」の喩え話のように、長者の家の子と生まれながら、貧里に迷っているようなものである。

第三節

六趣輪廻の因縁は、己《おのれ》が愚痴の闇路《やみじ》なり。
闇路に闇路を踏み添えて、いつか生死《しょうじ》を離るべき。

釈尊は生死（輪廻）の解脱を求めて宗教の道に入られた。だから、仏教の根本問題は、「生死からの解脱」である。「生死」のことを、ここでは「六趣輪廻」という。釈尊時代、すなわち二千五百年前のインドの民衆は、人間は死んでもそれで終わりではなく、必ず何かに生まれ変わる、ちょうど車の輪が廻るように、地獄・餓鬼・畜生・修羅・人間・天上の六趣（六道）を生死すると信じていた。人生五十年の苦しみなら、まだ堪えようもあるが、未来永劫《ようごう》の長いあいだの無限の苦しみを考えると、やりきれない。何とか二度とこの苦界に生まれない、再生しない、〝永遠の平安〟の境はないかと考えて、「涅槃」を求めた。〝生死輪廻の消滅〟、それが「涅槃」であった。

そうした生死の苦を、神々の罰とも考えず、運命とも偶然とも考えなかった釈尊は、その原因を「無明」（己《おのれ》の愚痴）のせいだと見た。無明があるから、人生苦がある。無明がなければ、人生苦はない――これが釈尊の「縁起」（因縁生起）の説である。人生は「苦」だ、苦の原因は、「無明」だ、その無明の滅した境地が「涅槃」である。その涅槃への道が、「八正 道《はっしょうどう》」である。八という数字は煩わしいので、それはまもなく「三学」と説かれた。持戒と禅定と智慧である。これが釈尊が説かれた「四諦《したい》」（苦・集《じゅう》・滅・道）の法門《おしえ》である。

六趣輪廻の因縁は、己《おのれ》の愚痴（無明）からだ。こうして闇路に闇路を踏み添えて、衆生はいったいいつ生死を解脱できるか。その解脱の道として、「無明」を打破して「菩提」（悟り、般若の智慧）を得る方法として、白隠禅師は、先の釈尊の「八正道」ないし「三学」の集結の道として、「摩訶衍《まかえん》の禅定」を主張する。

第四節

夫れ摩訶衍の禅定は、称嘆するに余りあり。
布施や持戒の諸波羅蜜《しょはらみつ》、念仏懺悔《さんげ》修行《しゅぎょう》等《とう》、
其《そ》の品《しな》多き諸善行、皆この中に帰するなり。

初期仏教では、「持戒」と「禅定」と「智慧」の「三学」と言った。大乗仏教では、それに「布施」と「忍辱《にんにく》」と「精進」とを加えて、「六波羅蜜」と言った。そのほかにも「念仏」とか「題目」とか「懺悔《さんげ》」とか、いろいろな「諸善行」がある。だが、それはすべて、「摩訶衍」すなわち「大乗《マハーヤーナ》」の「禅定」に帰する。だから、「生死の解脱」の道としての「大乗の禅定」のことは、いくら称嘆しても余りがあると、白隠は歌う。白隠禅師は、「六波羅蜜」もその他の「万行・諸善行」も、「禅定」の中に集約して、「大乗の禅定」をひたすら讃め歌うのである。だから、白隠のいう「禅定」は「三学」の三分の一の「禅定」ではない。諸波羅蜜・諸善行がそこに帰する「禅定」である。六祖（初祖達磨から六番目の祖師）慧能《えのう》のいう「禅戒一如・定慧《じょうえ》一等」の、一分の一の「禅定」である。

初期仏教でいう「三学」は、まず「持戒」から「禅定」へ、「禅定」から「智慧」（「般若」）へと、いわゆる「上ぼり道」的に考えた。「持戒」とは、自ら誓って〝自己の生活を規制する〟ことである。そうすると、身心ともによく調えられて健全になる。そのよく調えられた身心をあげて〝統一・安定する〟のが「禅定」である。「禅定」とは「ドゥフヤーナ・ジャーナ」という古代インド語の音写語「禅那《ぜんな》」の「那」を落として、「禅」とし、それに先の〝身心の統一・安定〟の「定《じょう》」（さだまる）の字を訳語として加えたもので、いわゆる「梵漢兼挙《けんこ》」（梵語の音と漢語の訳とを兼ねて挙げた翻訳語）である。その「禅定」の〝身心統一〟の安定境からこそ、「般若」（「智慧」の意のインド語「パンニャー」の音写）の「悟り」が開けるというのである。

こうして、いったん「般若」の〝悟りの智慧〟が開けると、今度は「下だり道」的に、その「悟りの智慧」が、「禅定」に、「持戒」に、はね返って働く。そして「禅戒一如」となり「定慧一等」という「大乗の禅定」となる。白隠が主張する「摩訶衍の禅定」というのが、それである。このことを説いたのは、中国禅の事実上の大成者である六祖慧能禅師である。

一座の功をなす人も、積みし無量の罪ほろぶ。
悪趣何処《いずく》にありぬべき、浄土すなわち遠からず。

そうした「禅定」を、たとえ一座でも実践した人の功徳は、それまで積んだ無量の罪が亡びるほどである。そうなれば地獄・餓鬼・畜生・修羅の「四悪趣」などどこにあろう。逆に仏陀の浄土は遠くないということになる。この「娑婆が即浄土」だというのである。

第五節　第二項
辱《かたじけ》なくも此《こ》の法《のり》を、一たび耳に触るるとき、
讃嘆随喜《さんたんずいき》する人は、福を得ること限りなし。

この「大乗の禅定」の「法」（教え）を、一度でも耳にふれたときに、それを讃めたたえそれに随喜した人は、無限の幸福を得るであろう。

第五節　第三項
況《いわん》や自ら回向《えこう》して、直《じき》に自性《じしょう》を証すれば、

自性《じしょう》即ち無性《むしょう》にて、已《すで》に戯論《けろん》を離れたり。

この「大乗の禅定」の教えを一回耳に聞いて讃嘆しただけでも、それほどの功徳がある。ましてや、それを自身で実践して、直接に「自性」(自己の本性＝仏性)を自覚体認すると、「自性」はそのまま「無性」であって、その境地はもはや戯論(たわむれの議論)を離れている。

釈尊は「生死輪廻」からの「解脱」の境を求めて、それを「涅槃」、すなわち〝生死の消滅〟と言われた。そして、そうした「涅槃」を求めて修行するうちに、思いがけなく「菩提」を証された。すなわち「悟り」を開かれたのである。これを「直証菩提」という。そこで「菩提」を証されてからは、「涅槃」は「菩提」の同義語となった。

ここで白隠禅師は、その「直証菩提」のことを、より具体的に「直に自性を証する」という。釈尊は何を悟ったのか。「自性」を証したのである。〝真実の自己の自覚〟である。そして、それは「自性即ち無性」と自覚したのだと白隠は言う。この自覚は「禅定」からのみ体得される。だから「禅定」が大切なのである。そこで、「自ら回向(実践)」して「直に自性を証」すれば、「自性即ち無性」であって、そこはもう「戯論を離れ」た「直証菩提」の体験境だ、「自ら回向」して体験するよりほかないというのである。

ここから、白隠のいう「大乗の禅定」ということの内実が、はっきり分かる。それはけっしていわゆる精神修養でも、人格完成の道徳的実践でも、いや自我の救いのための修行でさえもない。それは「自性即無性」と直証する「無我」体現の「行《ぎょう》」である。それはいわば、「自我」を「空」じて「無我」を実現することによって、「本来の自己」（「心性本清浄」の自己）を自覚体認するための「行」である。「禅定」とは「無我」（自我の「空」）実現の「行」である。〝自己の実現〟のことを、初期仏教では「法《ダンマ》が露わになる」と言った。では、「法」はいつ露わになるかというと、それは自我が「空」じられて「無我」になったときである。それを「禅定」というのである。

先に、「一座の功をなす人も」と言った。「一座」というように、「禅定」とは具体的にはまず「坐禅」のことである。だから、道元禅師は、「〔仏法は〕端坐参禅を正門となす」と言うのである。しかし「坐禅」は何も、脚を組んで坐ることだけを意味しない。そういう「する時の坐禅」のほかに、いわゆる「せぬ時の坐禅」（至道無難禅師の語）が大切である。白隠のいう「静中《じょうちゅう》の工夫」に対する「動中の工夫」である。後者は前者に百千万倍する。これは白隠禅師が常に強く主張したところである。

第六節

因果一如の門ひらけ、無二無三《むにむさん》の道直《なお》し。
無相の相を相として、往くも還るも余所《よそ》ならず。
無念の念を念として、謡《うと》うも舞《も》うも法《のり》の声、
三昧無礙《ざんまいむげ》の空《そら》ひろく、四智円明《えんみょう》の月冴えん。

「因果一如」というのは、ここでは〝原因〟である「衆生」と〝結果〟である「仏」が「一如」だということである。これを「生仏一如《しょうぶついちにょ》」という。道元のいわゆる「修証一等《しゅしょういっとう》」である。そこから「二」に対して、「無二無三」の道が真っ直だという。歌人斎藤茂吉のいう「あかあかと一本の道通りたりたまきわるわがいのちなりけり」である。

「生仏一如」は、また道元の強い主張とも一つである。衆生が修行して仏に成るのではなく、本来仏として凡夫の思議を絶した「妙」なる修行を生きる（威儀即仏法、作法是れ宗旨）のである。仏であることである。盤珪禅師もまた言う、「仏に成ろうとしようより、仏でおるが近道でござるわいの」。

ただ道元禅師と白隠禅師の違いは、白隠が「因果一如の門ひらけ」と言っているところにある。白隠のばあいは、「直に自性を証して」「因果一如の門」が「ひらけ」るのだと、あくまで「直証自性」を強調するのである。いわゆる「見性《けんしょう》」の強調である。これに対し

て、道元禅師は「見性」という語があるだけで、『六祖壇経』は「偽書」だと言うほどに「見性」ということを嫌った。それはいわば「悟る」という動詞的表現の否定である。しかし、道元禅師は、けっして「悟り」という名詞的表現を否定したのではない。このことは禅師が「般若を尊重するが故に」という経典の語を重視して、何度も引用していることでも分かる。

道元禅師は「衆生が悟って仏に成る」という言い方をせず、「本来仏として妙修する」という、いわば「仏である」あり方を強調したのである。そこで本来仏として、「只管打坐」と言う。しかし、いくら「坐禅は身心脱落だ」「只管だ」と言っても、それは観念だけで、現実には「衆生が」妄想煩悩で坐禅しているのでは、何もならない。だから、やはり「直に自性を証して」「自性即無性」と自覚しなければ、ほんとうの「只管」行にはならない、「仏作仏行」にはならないというのが、白隠禅師の主張である。だから、私は、道元禅師の主張が「正伝の仏法」そのものの道破であることを疑わないものであるが、にもかかわらず現実の修行の上では、やはり白隠禅師の「直証自性」の主張が大切だと信じている。

白隠は歌う、「無相の相」を「相」として、「無念の念」を「念」として、「そこからそこへ」と「本証の妙修」を現実に生きるのだと。そのとき、「無我の我」の、「無心の心」

の「仏」（本来の自己）が「本証」を「妙修し」、そこに「三昧無礙」の広い空に「四智円明」の月が冴え輝くと。

4 白隠禅師坐禅和讃 ㈢結語

第七節
此のとき何を求むべき、寂滅現前する故に、
当処即ち蓮華国、此の身即ち仏なり。

もはや人生何の求むべきものがあろう。「涅槃寂静《じゃくじょう》」の境地が現前に成就したのだから、ここが浄土で、この身そのまま仏である。

以上、これは「坐禅和讃」と題するけれども、その実は、白隠禅師の〝坐禅による見性の和讃〟というべきものであった。傍線の所、特に太線の所に注目して再読してほしい。

私は「仏教」の第一義を「般若波羅蜜多」に見る。「般若」とは、〝心性本清浄〟すなわち〝自性即無性〟なる「本来の自己」の自覚智である。これが「本覚」である。しかし、それが現実には「不覚」に堕ちているので、改めて発心し修行して、「直証菩提」という

「始覚」が必要である。これが「般若」の「波羅蜜多」（完成）である。そこに「見性」と「悟後の修行」の大事がある。これはほんとうは白隠の「仏教原論」とも言うべきものである。

「衆生本来仏なり」といい、「因果一如の門ひらけ」という以上、白隠禅師のねらいも、道元禅師と同じように「証上の修」（悟りの上の修行）にあり、「本証の妙修」である。ただ、道元禅師は、それを「般若の後の坐禅」として説き、白隠禅師は、それを「般若の前の坐禅」に強調点を置いた。そこにまったく同じ（全同）でありながら、まったく別な（全別）、両者の説の特色があった。「般若」の体得の後の境涯の風光を述べるところは、両者ぴたりと一つである。ただ、白隠はそれをあくまで「自ら回向して、直に自性を証する」ところに焦点を当てて説いた。そこに白隠禅の根本主張がある。私はこれこそが、道元禅の（ひいては盤珪禅の）エピゴーネンたちの観念仏法から禅を救った白隠の道力であったと思う（拙著『白隠禅師』講談社現代新書参照）。

十　白隠下の公案禅（一）——初関とその参じ方——

1　道場を訪ねて、師家に公案をいただく

今日、臨済宗の寺院は、本来は中国臨済宗の流れをくむものであった黄檗宗を含めて、四千三百カ寺ほどある。そこにかりに一カ寺一人として、それに閑栖和尚を入れて、四千数百名の僧侶がいたとして、その中で師家《しけ》（正師の印可をもつ有資格の指導者）分上《ぶんじょう》と称される者は、わずかに八十余名である。そして、それはすべて徳川中期の白隠禅師の法孫である。だから、今日の臨済宗（黄檗宗を含めて）の「宗旨の教育」は、すべて白隠下の「公案禅」によってなされていると言える。以下に、その「白隠下の公案禅の修行」について述べる。

臨済禅の修行をしようと思う者は、僧籍を得て、僧堂に雲水として掛錫《かしゃく》するか、または在家のままで居士《こじ》・大姉《たいし》として参禅するか、二つの道があるが、いずれにせよ、「道場」ないし「禅会」に入って、師家に就かなければならない。

臨済宗には、伝統的に十四の本山があり、妙心寺派をはじめとして十四派ある。黄檗宗

は一本山一派である。それでその十五派の公認の僧堂が全国に四十カ寺ある。その各専門道場には、たいてい「大衆禅堂」の看板が掛かっていて、在家修行者を受け容れている。そのほかに、全国各地に、僧堂師家ないしそれ以外の師家分上の僧侶による「禅会」が開かれている。在家の修行者は、そこを訪ねて参禅することができる。またそうした道場・禅会の師家に参じて、印可を得た在家の居士が主宰している禅会・道場もある。しかし、こうした居士身の師家の主宰するものは、「臨済宗系」とは言えても、伝統「臨済教団」の外にあるので、伝統「臨済宗」のそれとは一応区別するほうがよいであろう。「臨済正《しょう》宗《じゅう》」の「法」そのものは、出家・在家の区別なく、人から人へと伝えられることは否定しないけれども……。

伝統「臨済宗」では、「正宗」と「正戒《しょうかい》」が表裏一体をなす。そして、居士身の師家は、みずから「正戒」を受けることはできても、他に授けることができない。また宗教行政上も教団の外にいて、その統制外の一匹狼である。そうした意味で「臨済宗系」といって区別するのである。

ともあれ、臨済禅の修行をしようとする者は、そうした道場・禅会のいずれかを訪ねて、師家に就かなければならない。

道場・禅会を訪ねると、先輩が坐禅の仕方を教えてくれる。まず坐禅に習熟する。これは「端坐参禅を正門とする」という曹洞禅とまったく変わりはない。そうして坐禅に親しんで熱心に通参すると、それをじっと観ていた先輩が、一年もすると「あなたも、そろそろ老師に相見したら、どうですか」と勧めてくれる。臨済宗で「老師」というのは、師家分上の者に対してだけ使う敬称である。「相見」というのは、もとは〝人と人とが出合う〟意味であったが、今日は〝道場の師家に入門の挨拶をすること〟をいう。隠寮《いんりょう》（師家の居間、「方丈」ともいう）で、一杯のお茶をいただく。ここで改めて参禅の心得が教えられ、最初の公案をいただいて、いよいよ本格的な公案修行が始まるのである。

「公案」というのは、こうして、〝参禅に当たって師家から学人《がくにん》（修行者）に与えられる参究の課題〟である。修行者は、与えられた公案を工夫参究して、その答えを言葉ないし行動で呈して、師家の点検を乞うのである。こうした修行を「公案禅」という。そのさい、師家と学人とのやりとりは、看鐘《かんしょう》を叩いて、師の方丈に一人で入っていく。これを「独参」といい、「入室《にっしつ》」という。

『正法眼蔵』の「諸法実相」の巻に、中国の天童山における如浄《にょじょう》禅師下の入室のもようを、道元禅師が伝えているが、あれは「大衆《だいしゅ》が雁《かり》のように並んで」の、一対多の入室であるが、日本臨済禅の入室は、密室で師弟一対一で行なわれる独参である。

修行者は与えられた公案を工夫して、見解《けんげ》（公案に対する自己の見解）が立つと、それを独参して師に呈する。師家はそれに対して可否を判断する。可と認めたら、次の公案を与え、否と認めたら鈴を振る。鈴を振られたら、もう何を言うことも何をすることも許されない。礼をして退いて工夫し直さなければならない。

師家はけっして公案の答えを教えてくれない。答えは自分自身で見つけねばならない。その公案に対する自己の見解を師が認可してくれるまで、修行者の悪戦苦闘は続くのである。時には、何かヒントぐらいは与えてくれてもよさそうだと思うが、初関（最初の公案、悟りへの関所）に関するかぎり、どんなに親切で甘い師家でも、がんとしてとりつくしまもないように厳しい。

2　初関とその参じ方（「師家」の公案）

では、その最初の公案とは、どんなものか。それはけっして一つと限ってはいない。筆者の場合は、白隠禅師の「両掌相打って声あり、隻手《せきしゅ》（片手）に何の音声《おんじょう》かある」というのであった。夏目漱石が東大の卒業のころ、鎌倉の円覚寺の「門」（同名の小説がある）を叩いたとき、釈宗演老師に頂いたのは、「父母未生《みしょう》以前、汝が本来の面目」というものであった。

しかし、今日では、最初の公案（初関）は、ほとんど「趙州《じょうしゅう》無字」の公案である。

『無門関』の第一則にある。

趙州和尚、僧の「狗子《くし》にも還《ま》た仏性ありや」と問うに因って、州云く、「無」。

趙州和尚は、僧が、「狗子《いぬ》にも仏性がありますか」と尋ねたので、「無」と答えた。

公案はこれだけである。問いは「犬にも仏性（仏としての本性。可能性ではない）があるか」というのである。

この問い自体が実はおかしい。「一切衆生、悉有仏性」（すべての生きとし生けるものに、悉く仏性がある）というのが、釈尊の一大宣言（『涅槃経』に見える仏説）だというのが、大乗仏教の基本思想だというのに、なぜ趙州は仏説に反対して「無い」といったのか。実は、唐代の『趙州録』は、この公案の後に、僧がまさしくそう問い返している。すると、趙州は「それは彼（狗子）に業識性《ごっしきしょう》（迷いの性）があるからだ」と答えている。これなら、ちゃんと理屈が通る。しかし、それでは理に落ちて、公案にはならない。そこで、『無門関』という宋代の公案集では、原典の『趙州録』の後半の問答をカットして、「州云く『無《ムー》』」だけにしたのである。そこで、公案としては、ただこの「無」の一字に参ぜよ、というわけである。「有る」に対する「無い」なら、「相対無」である。公案は「絶対無」だ。そこに東洋思想の真髄である「東洋的無」の秘密がある。それに参ぜよ、というのである。

では、どのように参ずるのか。そこで、私たちは『無門関』で、編者の無門慧《え》開《かい》和尚が述べている、次の「評唱」の一文をよく読んで、その指示どおりに参ずることが大事だ、ということになる。現に私たちの道場では、この「評唱」をお経のように読誦《どくじゅ》して、暗誦して、その文章のとおりに、この「無」の字に参ずることにしている。

無門曰《いわ》く、

参禅は須《すべか》らく祖師の関を透るべし、妙悟は心路の絶することを窮めんことを要す。祖関透らず、心路絶せずんば、尽く是れ依《え》草《そう》附《ふ》木《ぼく》の精霊《しょうりょう》ならん。且《しばら》く道《い》え、如何なるか是れ祖師の関。只《た》だ者《こ》の一箇の「無」の字、乃ち宗門の一関《いっかん》なり。遂に之れを目《なづ》けて「禅宗無門関」と曰《い》う。透得過《とうとくか》する者は、但《た》だ親しく趙州に見《まみ》ゆるのみにあらず、便《すなわ》ち歴代の祖師と手を把《と》って共に行き、眉毛《びもう》厮《あい》結んで同一眼《どういちげん》に見、同一耳《どういちに》に聞くべし、豈に慶快《けいかい》ならざらんや。

透関せんと要する底《もの》あること莫《な》しや。三百六十の骨節、八万四千の毫竅《ごうきょう》を将《も》って、通身に箇《こ》の疑団を起こして、箇の「無」の字に参じ、昼夜に提撕《ていぜい》せよ。虚無《こむ》の会《え》を作《な》すこと莫かれ、有無《うむ》の会を作すこと莫かれ。箇の熱鉄丸《ねってつがん》を呑了《どんりょう》するが如くに相似て、吐けども又た吐き出さず、従前の悪知《あくち》悪覚《あつかく》を蕩尽し、久々《きゅうきゅう》に純熟《じゅんじゅく》して、自然《じねん》に内外《ないげ》打成《たじょう》一片《いっぺん》なり。唖子《あし》の夢を得るが如く、只《た》だ自知することを許す。驀然《まくねん》として打発《たはつ》せば、天を驚かし地を動じて、関将軍の大刀を奪い得て手に入るるが如く、仏に逢うては仏を殺し、祖に逢うては祖を殺し、生死《しょうじ》岸頭に於《おい》て大自在を得、六道四生《ししょう》の中に向《おい》て、遊戯《ゆげ》三昧《ざんまい》ならん。

且《しば》らく作麼《そも》生《さん》か提撕《ていぜい》せん。平生《へいぜい》の気力を尽くして、箇の「無」の字を挙《こ》せよ。若《も》し間断《けんだん》せずんば、好《はなは》だ法燭《ほうしょく》の一点すれば便《すなわ》ち著《つ》くに似ん。

頌《じゅ》に曰く、

狗子《くし》仏性、

全提正令《しょうれい》。

纔《わずか》に有無に渉《わた》るや、

喪身失命《そうしんしつみょう》せん。

念のために、口語訳を付けておく。

無門は評して言う――

禅に参ずるには祖師の関所を透らねばならない。妙悟を得るには心路が絶える（分別心を断ち切る）という経験を窮めねばならない。祖師の関所を透らず、心路が絶えないならば、それはすべて草や木によりつく精霊であろう。まあ諸君、言うてみよ。祖師の関所とは何か。ただこの一箇の「無」の字、それが実は宗門の一関なのだ。そこでこれを「禅宗無門関」（「無」という門関、ないし門のない関所）という。これを透りぬけることができた者は、ただ趙州ひとりに親しく相見《しょうけん》するだけでなく、歴代の祖師がたと手を取ってともに行き、眉毛を交えて同一の眼で見、同一の耳で聞くことができる。なんと愉快ではないか。

このすばらしい関所を透りたいと思う者はいないか。［いるなら］、三百六十の骨節と八万四千の毛穴でもって、全身で、一箇の疑団（疑いのかたまり）になって、この一箇の「無」の字に参じ、昼も夜も、一日中これを問題として提撕《ひっさ》げよ。この「無」を虚無《ニヒリズム》の無だと理解するな、有無《デュアリズム》の無だと理解するな。一箇の熱い丸《たま》を呑んでしまったようで、吐こうとしても吐き出せず、これまでの悪知や悪悟を払い尽くして、長いあいだに純熟して、自然に内（自己＝主観）と外（公案＝客観）とが一つになる。そこは、唖子が夢を見たようで、ただ自分だけが分かっていて、他人には悟れないようなものである。いきなりその「無」が爆発すると、天を驚かし地を動かし、関羽将軍の大刀を奪い得て手に入れたようで、仏に逢えば仏を殺し、祖師に逢えば祖師を殺し、生死の岸頭で大自在を得、六道四生の迷いの世界の中で遊戯《ゆげ》三昧《ざんまい》であろう。
まあ、どう問題として提撕《ひっさ》げるか。平生《ふだん》の気力の限りを尽くして、一箇の「無」の字を取りあげよ。もし間断《きれめ》がなかったら、法の燭《ともしび》火が火をつけれぱ、すぐにぱっとつくのにそっくりだ、「はっと悟れるに決まっている」
頌《うた》って言う――
狗子《いぬ》の仏性、
仏陀の正しい命令を全体提出した。
有無の二見にわたると、
ただちに身命《いのち》がないぞ。

3　公案禅者の主張（黙照禅との違い）

公案禅者は言う、「参禅には祖師の関、すなわち〈公案〉を透る必要がある」。単なる〈黙照〉では悟れない、と。「祖師の関を透る」ということは、「妙悟を得る」ということである、と。「妙悟には、〈心路を絶する〉、すなわち〈自我の〉〈分別心を断ち切る〉ことが必要である」と。この主張が、臨済禅と曹洞禅とを分かつ、最も根本的な相違点である。
では、その祖師の関とは何か。それは「無」字の公案である。では、この「無」字の公案にどう参ずべきか。こう言って、無門慧開は、みずからの体験に照らして、親切丁寧に、もうこれ以上は何も付け加える必要がないほどに、見事に「無」字の公案の参じ方を説いている。だから、私どもは、この無門和尚の「評唱」を、お経のように暗誦して、文字どおりにひたすら実践することを勧めているわけである。

無門は言う、「全身全霊で、一箇の〈疑団〉となって——すなわち頭だけの分別知による〈疑い〉ではなくて——この一箇の〈無〉の字に参じて、昼も夜も、一日中この〈無〉の字を問題として胸間に提撕《ひっさ》げよ。その拈提《ねんてい》（問題として提撕《ひっさ》げること）に間断《きれめ》がないなら、きっといつかぱっと悟りが開ける。仏壇の燈火に火がつくように」と。

そして、「この〈無〉を虚無主義《ニヒリズム》の無だと理解するな、二元論《デュアリズム》の無だと理解するな。これは〈絶対無〉だ」ともいう。

また言う、「こうして参究していくと、一箇の熱い鉄の丸を呑んだようで、吐くこともできず呑みこむこともできず、公案が胸につかえるが、長いあいだ倦まずたゆまずそうして参究し続けると、公案工夫が純熟して、自然に、〈主観〉と〈客観〉と、〈公案〉と〈自己〉とが一つになる。これが〈打成一片《たじょういっぺん》〉の境地である。そこでなおも退かずに〈ムー、ムー〉と拈提しぬくと、いつかその〈無〉が爆発して、驚天動地の悟りが開ける。これが〈驀然《まくねん》打発《たはつ》〉である。そこは「啞子が夢を見た」ようで、自分にははっきり知れているが、他人には語れない体験の妙境である。こうして、悟りが開けると、生死を解脱して、大自在を得、殺仏殺祖《せつぶつせつそ》の般若の智剣を手に入れて、六道輪廻の真っ只中で、遊戯三昧《ゆげざんまい》の生き方ができるであろう。なんと愉快ではないか。さあ、諸君〈無〉字の公案に参じよう」と。

十一　白隠下の公案禅（二）——見性経験の心理——

1　「無字」の公案の参究の仕方

白隠下の公案禅に参じて、初関を透関する、いわゆる見性経験の心理的なプロセスを、あえて述べてみる。読者の誤解を受ける危険を承知の上で。

まず坐禅をして、「無」字の公案を拈提《ねんてい》する。「拈提」とは、公案を問題として〝取りあげる〟ことである。実際には、出入の息に合わせて、「ムー」と、声には出さずに、「無」の字に心を集中するのである。呼《は》く息も「ムー」、吸う息も「ムー」と、ひたすら「無」字三昧に、呼吸に合わせて公案を練り込んでいく。

たいていの修行者は、「無」字の公案に参ずる前に、一年かそこら坐禅（調身）して「数息観《すそくかん》・随息観」に親しんでいる。「数息観」は、呼《は》く息を「ヒトー」と数え、吸う息を「ツー」と数えて、これを「トオー」「ツー」と十まで数える観法である。そして、また「ヒトー」「ツー」とどこまでも繰り返し続けていくのである。これで、千々に乱れていた心を、まず二十に統一する。そして、それが何とか出来るようになると、今度は、呼く息を「ヒー」、吸う息もまた「ヒー」と数えて、「ヒ・フ・ミ・ヨ・イ・ム・ナ・ヤ・コ・ト」と数え続けていくのである。これで、十に統一する。そこまでいけたら、今度は「随息観」に移る。これは、もう息を数えることはせずに、出る息・入る息の二つの呼吸に合わせて、呼吸を調える（調息）ことによって心を調える（調心）観法である。これで、心は十から二つに統一される。そこで、出る息・入る息に合わせて、「無」字の拈提をそれに乗せていく。そして一つに統一するのである。

このように、千々に乱れる心を、二十から十に、十から二つに、二つから一つにと統一するというやり方だけが常になされるのではなく、初めから「随息観」や「公案」に取り組むやり方だってよいわけであるが、以上の方法が、今日最も親切丁寧な師家の指導法と言えよう。すなおにこの方法に乗っていけば、これは確かに効果のある身心の統一法（「坐禅」は、けっして精神だけの統一ではない）である。

ともかく「無」字の公案に取り組んだら、公案一つになって、やがて無そのものになりきっていくことが大事である。まず、外感を否定する。初めのうちは外からの感じが、公案への集中を妨げる。まず物が見える、音が聞こえる。それを「無」字の公案で払っていくのである。これは喩えが少々古いが、ちょっと昔、まだクーラーがなかったころは、映画館へ行くと、頭の上で大きな扇風機が音を立てて廻っていた。休み時間に聞くと、かなり大きな音を立てていた。それが映画が始まって、竹下景子さんでも出てきて観る者の心がそちらのほうに集中されると、もう頭上の扇風機の音は、ありてありつぶれる。聞こえなくなる。いや、耳はふさいでいないのだから聞こえてはいるはずであるが、それが私の意識の表からは消えてしまう。これを「ありてありつぶれる」というのである。これは何も音だけのことではなく、「見聞覚知」のすべてがそうなる。こうして、公案に集中するこちらの念力が強くなると、たいていの外感を否定することができるようになる。

だが、むずかしいのは、内感の否定である。王陽明も「山中の賊を平げることはやさしいが、心中の賊を平げることはむずかしい」と言っているように、少々公案に集中できるようになっても、次から次へと起きてくる心中の妄想を払うことは容易ではない。なまじっか坐禅でもすると、逆にふだんより妄想や煩悩がはげしく起こってくる。周りが静かになった分だけ、精神の集中がむずかしくなるかのようである。地下室で一切の音を止めて坐禅をさせたら、かえって精神集中ができないので、ためしに静かな音楽を流してみたところ、ようやく何とか坐禅ができたという実験報告もある。

ともかく、全身全霊で、公案に心を集中して「無ーっ、無ーっ」と、「無」字三昧になりきっていく。初めは私が、公案を拈提していた。それがしまいには、その私が忘れられて、公案が公案を拈提するようになる。「無」が「無」を「無」するという、天地ひた一枚の「無」字が現前する。「無」という〝疑いのかたまり〟になる。これを「疑団の現前」（「大疑現前」ともいう）という。『無門関』のいう「打成一片《たじょういっぺん》」の心境である。

それは白隠禅師の言葉で言うと、「万里の層氷の中にとじこめられたようで、澄みきった心境ではあるが、身動きはならぬ」ところである。これは「悟り」経験の前段階であって、まだ「悟り」ではない。そこで、恐れを生じたり、了知を加えたりせずに、そこに住《とど》まらないで、さらに気力を振るい起こして、「ムーッ、ムーッ」となおも練りこんでいくと、いつか「時節因縁」が熟して、「無」字が自然に爆発して、まったく新しい心境が開ける。これを「㘞地一下《かじいちげ》」の時節という。『無門関』にいう「驀然打発《まくねんたはっ》」の自覚体験である。

2　白隠の「見性」経験の説明

ここを白隠禅師は、次のように述べている――

「もし人《ひと》大疑現前するとき、ただ四面空蕩々地《くうとうとうじ》、虚豁々地《こかつかつじ》にして、生《しょう》にあらず死にあらず、万里の層氷裏《り》にあるがごとく、瑠璃瓶裏《るりへいり》に坐するに似て、分外《ぶんげ》に清涼《しょうりょう》に、分外に皎《こう》潔《けつ》なり。癡々呆々《ちちほうほう》、坐して起《た》つことを忘れ、起って坐することを忘る。胸中一点の情念のうして、ただ一箇の〈無〉の字のみあり。あたかも長空に立つがごとし。このとき恐怖を生ぜず、了智を添えず、一気に進んで退かずんば、忽然《こつねん》として氷盤を擲摧《てきさい》するがごとく、玉楼を推倒するに似て、四十年来未だ曾つて見ず、未だ曾つて聞かざる底《てい》の大歓喜あらん。このときに当たって生死《しょうじ》涅槃《ねはん》、猶お昨夢のごとし。三千世界海中の漚《あわ》、一切の賢聖《けんしょう》電払《でんぽつ》のごとし。これを〈大徹妙悟、㘞地一下〉の時節という。伝うること得ず、説くこと得ず。あたかも水を飲んで冷暖自知するがごとけん。十方を目前に消融し、三世を一念子に貫通す。人間天上の間、那箇《なこ》の歓喜かこれに如《し》かん。これらの得力は学者親切に進まば、わずか三日、五日の功にして必ず得ん」（『遠羅天釜《おらてがま》』）。

3　鈴木大拙の「悟り」経験の説明

この「悟り」経験を心理的に分析して、鈴木大拙先生は、次のように説かれたことがある——

「たとえば、浄土教では、〈南無阿弥陀仏、南無阿弥陀仏〉と称えながら、木魚を叩くだろう。ああいう工合にやっているというと、心理的に一つのユニフォーミティ・オヴ・コンシャスネス（意識の統一境）ができるのだな。波の動かないような、三昧というか、いわゆる〈定《じょう》〉に入る。そのときひょっと刺戟する。そうすると、そのコンシャスネスが動く。その刹那に〈悟り〉というものがある。釈尊が三昧に入って、ひょっと暁の明星を見た。星の光が眼に入って眼の感覚を動かした。そのときに、ユニフォーミティ・オヴ・コンシャスネス（禅定）が動く（智慧）というわけだ。そこに、一種のインチュイション（直覚）がひらめく。それが〈悟り〉なんだというので、こいつを機械的にやらせようというわけだ」。

先生は、こう解説して、一面それを肯《うけが》いながら、「それには、わしは批判がある」と言って、話を続けられた——

「〈南無阿弥陀仏、南無阿弥陀仏〉とか、〈ムーッ、ムーッ〉とやっているあいだに、何かコンシャスネスがユニフォームな状態に入るのだな。そのとき、鐘の音がゴオーンと鳴るとか、隣りで誰かがしゃべったとか、和尚が〈喝！〉というたとかして、ひょっとそこに変化が出る。またそれを起こそうとしてやらせるのだ。今日、早期見性法とか、アメリカで一度に何人もの見性者を打ち出したなどという、原田（祖岳）さんの弟子の安谷（白雲）さん方のやり方にも、それがあるな」。

「悟りにはやはり見地というか、メタフィジカル・アンダスタンディング（形而上学的了解）というものがないとダメだ。一つの哲学的見解というか、そういうバック・グラウンド（背景）がないと、〈悟り〉といっても単なるサイコロジカル（心理的）な経験だけでは、邪道に落ちる恐れがある。

真宗的に、それを言うとだね。やはり親鸞のような哲学的バック・グラウンドというか、またある意味では正統的・伝統的な教学に裏づけられないといけないので、善鸞系の人々、秘事法門の人々には、それがなかったので、いわゆる〈異《い》安心《あんじん》〉になっていったのだと思うね。一つの宗教的心理現象をただサイコロジカルに見ているだけではダメで、どうしてもそれを裏づけるインテレクチュアル・インタプレティション（知的解釈）というものがなければならんのだ。これが私の批判だね」。

「それを、〈打成一片〉から〈驀然打発〉へというように、まずアーティフィシャル（人為的）にある心理的状態に入れておいてというように、君のいう〈二段階的見性法〉というやつで、心理的・人工的に、やたらと師家が世話をやきすぎるやり方が、はたして善いか悪いかだ」。

私は「見性経験の心理」を語ろうとして、そうした心理主義的見性禅の弊害にまで、思わずペンが進みすぎたようである。そう言えば、白隠禅師や大拙先生自身の〈悟り〉経験の心理的叙述自体にも、人々に、特に外国の人々に、禅を誤解させる原因があったかも知れない。ものはすべて一長一短である。

4　山田無文老師の「悟り」

しかし、それは「見性経験」の心理的分析自体の罪ではない。要は、それを用いる禅匠その人の手腕にかかっている。最後に、私は本師山田無文老師の宗教体験を述べて、この項を結ぼうと思う。

老師は、東洋大学の学生のとき、結核にかかって、医者にも見放されて、自宅療養を命ぜられた。当時としては死を待つばかりであった。ある日、ふっと涼しい風を微熱のほおに受けて、風とは何だろうと思った。風は空気だ。そうだ、空気というものがあったのだなあ。私はきょうまで忘れていたが、空気というものがあって、私を生かしていてくれた。今日まで自分で生きてきたと思っていたが、何という間違いであったろう。私は天地の恵みで生かされて生きてきたのだ、と気がついた。「生きよ、生きよ」と私を支えてくれているものがある。私は結核ぐらいで死にはせんぞと思った。そこで和歌を作った。

大いなるものに生かされあることをけさ吹く風の涼しさに知る

私は、このとき老師は「個」を生かす「超個」の存在に気づいて、宗教者無文が誕生したのだと思う。

やがて老師は「びわの葉療法」で病いを治し、その縁で禅宗の花園大学に入学した。そのときは、まだ仏教よりもキリスト教のほうに近い心を抱いていたともいう。それが一年生のときの摂心《せっしん》（集中坐禅会）で、見性経験をして、禅僧となった。

結核の病みあがりの身には坐禅がつらい。ところが、真向かいの学友は、休み時間も脚を解かずに厳然と坐っている。まけるものかと、がんばった。臨済禅だから、師家に公案をいただいて、独参入室《にっしつ》して見解《けんげ》を呈する。あるときの入室で、例によって学長老師に鈴を振られて、方丈からすごすごと禅堂へ帰ってきた。その途中の廊下で、庭の真っ黄色な銀杏《いちょう》の葉が眼に入った。そのとたんにからりと心境が開けた。「無」字が透ったのだ。「あった！　無じゃなかった」。そのとき、老師は庭の真っ黄色な銀杏の葉と自己と、ぴたりと一つという「物我《もつが》一如《いちによ》」の自己に目覚めた。「〈空〉（無我）とは〈自他不二〉（物我一如）」であった。

後年、老師は、それを「不二」の法門として説かれた。そして言われた、「釈尊が暁の明星を見て悟られたとき、仏陀はきっと〝あ、私が光っている！〟と叫ばれたに違いない」と。「見性」とは、こうした「自他不二」という私、「本来の自己」の自覚である。ここに禅者無文の誕生があった。「自我が無いとき、すべてが自己（自他不二）である」。そこでは、他己の痛みがそのまま自己の痛みである。そこに大乗の菩薩の「大悲」行がほとばしる。この〝同苦〟の〝うめき〟こそ「大悲」である。こうして、宗教者無文は「個」でもない「超個」でもない、「一息に〈超個の個〉」として、禅仏教的「大悲」行に一生を生きぬいたのである。

これをもって、大拙先生のいう「インテレクチュアル・インタプレティション」の語の解説に代える。これが真の「見性」経験である。

こうした公案禅は、今日では、済門だけの独占のようになってしまったが、一昔前まではそうではなかった。近代でも総持寺本山では水野虎渓老師が「無」字の公案を学人に課せられた。孤《こ》峰《ほう》智《ち》璨《さん》禅師は、筆者に「衲《わし》も済下の公案禅に参じた」と言われたし、私の知る限り渡辺玄宗禅師は洞門唯一人の済門の大事了畢《りようひつ》底《てい》（公案体系をマスターした者）であった。なお、法叔《ほっしゆく》秦《はた》慧《え》玉《ぎよく》禅師は、般若道場の釈《しやく》定《じよう》光《こう》老師の久参底（久しく参禅した者）であった。

十二　白隠下の公案禅（三）――公案体系――

1「理致・機関・向上」の「公案体系」

公案の分類ないし体系化については、すでに聖一《しょういち》国師（弁円円爾《べんねんえんに》。一二〇二―一二八〇）に、次の語がある。「仏祖出興して、理致あり、機関あり、向上あり、向下《こうげ》あり」「直《じき》に仏祖の理致・機関を超ゆ、いわゆる仏の理致を超えて、荊棘《けいきょく》（いばら。公案に譬えられる）を過得し、祖の機関を超えて、銀山鉄壁を過得して、始めて向上本分の事《じ》あるを知らしむ」（『聖一語録』）。これは、公案を分類して、「理致・機関・向上」の三となして、公案の体系化を試みたものである。

また、大応国師（南浦紹《なんぽじょう》明《みょう》。一二三五―一三〇八）にも、次の語がある。「この宗に、三重の義あり。いわゆる理致・機関・向上これなり。初めの理致というは、諸仏の所説ならびに祖師の所示の心性等の理語なり。次に機関というは、諸仏・祖師の真の慈悲を垂れて、いわゆる鼻を扭《ひね》り、目を瞬《まじろ》がして、『乃《すなわ》ち泥牛《でいぎゅう》空に飛び、石馬《せきば》水に入る』等これなり。の ちの向上というのは、仏祖の直説《じきせつ》、諸法の実相等、いわゆる『天は是れ天、地は是れ地、山は是れ山、水は是れ水、眼は横、鼻は直』等これなり」(『大応語録』)。

次に「理致・機関・向上」の公案について若干の説明を加えておく。

理致　「理致」とは見慣れない語であるが、「致」の字は〝趣〟(ありさま)の意で、「理致」は〝道理〟(すじみち)の意である。禅では、師家が「経論の道理」をもって、学人《がくにん》を導くことを言う。

すなわち「理致」は、〝法理〟の意で、経論に見える理路に訴えた語をもって、公案としたものである。たとえば、「一切の衆生に悉く仏性あり」(『涅槃経』)とか、「天地と我と同根、万物と我と一体」(『肇論《じょうろん》』)などである。これは、大応国師のいわゆる「心性《しんしょう》」(仏性)を示す「理語」(法理を直接に述べた語)で、公案としては、禅味の少ないものである。いわば如来禅的公案と言ってよい。

機関　「機関」の語も、ふつうの日本語と違って、「機用《きゆう》」とも言って、〝働き〟の意である。たとえば、「揚眉瞬目」(眉を揚げ、目を瞬く)とか「払拳棒喝《ほっけんぼうかつ》」(拳で叩き、棒で打ち、喝を吐く)というように、いかにも「祖師禅」らしい活潑々地の働きのことである。もちろん行為だけなく、言句《ごんく》をも含む。たとえば、先の大応の「泥牛空に飛び、石馬水に入る」とか、後に引く雲門の「東山水上行《こう》」(東山が水のほとりを歩く)とか言う「機語」(機用すなわち禅的働きをこめた語)が、それである。ある意味では、祖師の公案のほとんどが、これに当たると言ってもよい。祖師方の働きは、ふつうの分別的な知性をもってしては、理解しがたい。これが、先の「理致」の公案と異なるところである。それで、先には「理語」と言い、ここでは「機語」と言ったゆえんである。しかし、祖師方の何とも自由自在な胸のすくような言行は、学人の心を捉えて自身の境涯とひき比べて、やがて深い問題意識を持つように導く。そこに、この種の公案の持つありがたさがある。

向上　古典語の〝上に向かう〟の意味ではなく、ここでは当時の俗語として、〝その上、その先〟の意である。詳しくは、「仏向上」とも言って、〝仏のその上、仏のその先〟の意である。「理致」の公案で、仏性を見て、すなわち見性《けんしょう》して、悟って仏と成る。そして、その「見た」ものを「身につける」ために、「機関」の公案で、仏としての日常的な働きを練るのである。そして、さらに「向上」の公案で、その仏さえ忘れて、仏のその先の境地に入るのである。

だから、「向上」の公案は、「山上なお山あり」で、前二境を乗り超えた「向上」（その先）の公案である。「理致」の公案を透った者が、ともすれば陥りがちな「仏見・法見《ほっけん》」（仏に執われ、法に執われる見解）を払い捨て、また「機関」の公案を透過した者が、ともすれば陥り易い、いたずらに機峰（禅機すなわち禅的働きの鋭さ）を戦わす、いわゆる「野狐禅」的禅臭・悟臭を抜くための「向上」の公案である。世間でも、「味噌の味噌臭きは上味噌にあらず」と言う。みずから「法を得た」という「得法」の意識に執われ、みずから「仏と成った」という「成仏見性」の意識に執われる。それを「野狐禅」と言う。これは、「無我」であるはずの仏法を「大我」に落とした禅である。そこで、たまたま禅に心を惹かれてやって来た外国の好人（ケストラー氏）に、「鼻もちならぬ禅臭」などと批判されることになる。

禅では、それで「向上」の公案を禅者最後の関門とするのである。「悟了同未悟」（悟り了れば未だ悟らざるに同じ）と言って、ここではじめて禅のめざす最後のねらいである真の「自由」が実現される。それなのに、世間には、悟りに執われ得法の意識に縛られて、再び自由を失った、似て非なる禅者が何と多いことか。働きのある禅者ほど「大我禅」に陥り易い。日蓮聖人のいわゆる「禅天魔」とは、まさにこのような者のことであろう。古人は、煩悩に縛られる鉄の鎖に比して、悟りに執われて仏見・法見をひっかつぐのを「金鎖《こんさ》の難」と言った。鎖で縛られる不自由さは、鉄でも金でも同じだというのである。

聖一国師や大応国師の以上のような公案の分類ないし体系化は、わが国で急に起こったのではなく、すでに中国宋代の禅僧たちによって自覚され、何らかの先駆的形成が成されていたものに違いない。たとえば、「公案禅」の大成者と見られる五祖法演の法嗣《はっす》である圜悟克勤《えんごこくごん》禅師は、宗門第一の書といわれる『碧巌録』の著者であるが、この書は、『雪竇《せっちょう》頌古《じゅこ》』（雪竇禅師が百則の「古則」に「頌《じゅ》」すなわち〝禅的な詩〟をつけたもの）をテキストに、圜悟が公案の解説・鑑賞を試みた講義録である。各則の初めに、公案を見る心構えとして、圜悟が置いた「垂示《すいじ》」があって、その中に圜悟の禅思想が見られる。

たとえば、「青天白日、さらに東を指さし、西を劃すべからず。時節因縁亦た須らく病いに応じて薬を与うべし。且らく道《い》え、放行《ほうぎょう》（否定）するが好《よ》きか。把定《はじょう》（肯定）するが好きか」とか、「殺人刀《せつにんとう》、活人剣《かつにんけん》は、乃《すなわ》ち上古の風規、亦た今時の枢要なり。若《も》し殺を論ぜば、一毫を破らず、若し活を論ぜば、喪身失命せん。故に道《い》う、『向上の一路、先聖《せんしょう》不伝、学者形を労すること、猿《ましら》の影を捉うるが如し』と。且らく道え、既に是れ不伝、什麼《なん》としてか却って許多《そこばく》の葛藤公案ある」というのは、仏祖の機縁の中から悟りの理法を自覚的に取り出して、「公案禅」を大成した宋代の禅匠たちが、すでに禅経験そのものの発展ないし展開の中に見られる、こうした公案禅の内部体系に気づいていて、これを以上のような「理致・機関・向上」という「公案体系」として自覚的に形成したものと見て大過ないであろう。これは、すでに五祖下の「暗号密令」と呼ばれる公案の中に反映活用されていたと考えられるもので、彼らの公案禅は、単なる見性の「一枚悟り」（自我を中心とする差別の世界から無我の平等の境涯へと入ったのはよいが、そこに腰を据えてしまって働きのない悟りを言う語）だけをめざしたものとは考えられないからである。

2　白隠下の「公案体系」第一部（法身第一）

白隠下の公案体系は、前に述べた聖一国師、大応国師の公案分類による「理致・機関・向上」の三つを、「法身《ほっしん》・機関・言詮《ごんせん》・難透・向上」の五つに開いて、その後に、「五位・十重禁・末後牢関」を加えたものである。

法身　前の三分類の「理致」を言い換えたものであって、梵語の「ダルマ・カーヤ」(dharma-kāya）の漢訳語である。白隠は、公案というものは、まず第一に「法身」を体得するための公案であるとして、その「公案体系」の第一に「法身」の公案をもってきたのである。

「法身」とは、どういうことか。釈尊が亡くなられたときに、弟子たちは、あれだけ偉大な方も亡くなられたということに、大きな心の打撃を受けた。しかし、彼らはやがて、「色身」すなわち〝肉体の釈尊〟は亡くなられたけれども、「法身」すなわち〝法をもって身となす〟釈尊は、「不生不滅」の存在として、今も厳然として存在すると考えた。そこで、「色身」の釈尊と「法身」の釈尊と、「仏身」に二つの考え方が出てきた。やがて、この仏身論は、「法身・報身《ほうじん》・応身《おうじん》（化身《けしん》）」という、いわゆる「三身説」に展開するのであるが、白隠は、まず公案の第一の目的を、こうした「法身」を体得するための公案と見たのである。

では、「法身」とは何か。それは、いま言ったように、初めは釈尊の「法身」であったが、いつも言うように、「仏教」は〝仏陀の説かれた教え〟であると同時に、我々めいめいが〝仏陀に成る教え〟である。そこで、「仏陀」の〝法身〟は、とりもなおさず我々めいめいの「法身」でなければならない。ここで、白隠が「法身」と言うのは、いわゆる「仏性」のことであり、ずばり言うならば、「本来の自己」のことである。そこで、「法身」の公案とは、「見性」のための公案である。「見性」とは、〝心眼を開いて仏性すなわち自己の本性すなわち自性《じしょう》を徹見すること〟である。だから、白隠下においては、第一の公案すなわち「初関」を透過することを、「見性」すると言うのである。要するに、「法身」とは、「真如」「法性《ほっしょう》」「菩提」「涅槃」「仏性」……等々、言い方は違っても同じことである。古人は、「法身」を解して、〝法をもって身となす〟と言ったが、これを現代語で、「宇宙の本体・真実在」と言ってもよい。禅者は、これを「自己の心性《しんしょう》」と言い、「本来の面目」と言う。臨済は、「無位の真人《しんにん》」と言い、わが盤珪禅師は、「不生《ふしょう》の仏心」と言った。また、日本近代の禅匠久松真一（抱石居士）は、「無相の自己」と言った。

修行者が、多年刻苦の功がなって、「大死一番、絶後に蘇息して」、「虚空消殞《しょういん》、鉄山摧《くだ》くる」体験ののち、「尽十方界これ本地の風光」「山川草木悉皆成仏」と直証《じきしょう》する世界である。

以下に、「法身」に属する公案の例を示してみる。

㈠、趙州《じょうしゅう》、僧の「狗子《くし》に還《ま》た仏性ありや」と問うに因《よ》って、州云く、「無」(『無門関』第一則)。

㈡、白隠云く、「両掌相打って声あり、隻手《せきしゅ》に何の音声《おんじょう》かある」(白隠禅師創始の公案)。

㈢、六祖、明《みょう》上座に示して云く、「不思善不思悪、正与麼《しょうよも》のとき、那箇《なこ》か是れ明上座[汝が父母未生《みしょう》以前]本来の面目」(『無門関』第二三則)。

㈣、僧、趙州に問う、「如何なるか是れ祖師西来意」。州云く、「庭前の柏樹子」(『無門関』第三七則)。

㈤、雲門《うんもん》、僧の「一念の起こらざるとき、却って過ちありや」と問うに因って、門云く、「須弥山」(『葛藤集』第四七則)。

かつて朝比奈宗源老師は、白隠下の公案を論じて、この「法身」の公案の例として、雲門の「須弥山」の公案を挙げられ、続いて同じく雲門の「麻三斤《まさんぎん》」の公案を挙げられた。

云く――
一、「雲門、僧の『一念の起こらざるとき、却って過ちありや』と問うに因って、門云く、『須弥山』」。二、「洞山、僧の『如何なるか是れ仏』と問うに因って、山云く、『麻三斤』」。
以来、これを受けて、立田英山老居士もまた、「洞山麻三斤」の公案を「法身」の公案の中に分類された。また梶谷宗忍老師もまた、「雲門乾屎橛《かんしけつ》」と「洞山麻三斤」の公案を「法身」の公案として分類されている。しかし、「雲門須弥山」の公案は、確かに古来「法身」の公案として使われてきたが、「雲門乾屎橛」の公案、ないしその雲門の弟子である洞山の「麻三斤」の公案を、「法身」の公案と見ることについては、筆者は老師方とは所見を異にする。もちろん、「雲門乾屎橛」の公案や「洞山麻三斤」の公案を、「法身」の公案として使うことも可能である。それがいけないというのではないが、筆者はむしろそれらは、後で述べる「言詮《ごんせん》」(ないし「向上」)の公案として見たいと思う。なぜならば、そこには、単なる「法身」の公案として見尽くすことのできない「言句の妙密」をもって聞こえる「雲門宗」の公案独自の味わいがあるからである。

なお、この他に、「法身」の境地をさらに検討する公案として、白隠下の公案体系には、次のようなものが伝えられている。

(六)、傅大士《ふだいし》の法身の偈《げ》に云く、「空手にして鋤頭《じょとう》を把《と》り、歩行して水牛に騎《の》る。人の橋上より過ぐれば、橋は流れて水は流れず」(『傅大士語録』)。

(七)、僧、大龍に問う、「色身《しきしん》(肉体)敗壊す。如何なるか是れ堅固法身」。龍云く、「山花開いて錦に似たり、澗水堪えて藍の如し」(『碧巌録』第八二則)。

こうした公案は、限りなくあるが、今日では、先に言ったように、ほとんど「初関」には「無字」の公案が用いられる。なお「無字」の公案の参じ方については、先に『無門関』の本則を引いて、述べておいたように、無門慧開《えかい》の「打成《たじょう》一片《いっぺん》、驀然《まくねん》打発《たはつ》」という二段階的見性法が今日も用いられている。すでに述べたように、白隠は、まずこの「無字」の公案、ないしのちには、彼の創始の公案である「隻手」の公案によって、修行者をまず「大疑《だいぎ》現前」の境地に突っ込んで(これが無門慧開のいう「打成一片」の境地である)、そこから「㘞地《かじ》一下《いちげ》」(これが無門のいわゆる「驀然打発」である)へと導いて、「覚」体験をさせて、「見性」させるのである。

さらに白隠下の公案においては、傅大士の「法身偈」などのほかに、さまざまな「拶処」(公案がいちおう透った者に対して、それに関連した問題で、師家が学人を、さらに突っこんで点検する手段をいう)と呼ばれるものを作って、この「法身」の境地を確かめ、深めさせようとする。筆者が鈴木大拙先生に、自己の見性体験を語ったとき、先生は、「君の体験、わしはそれでよいと思うが、師家ではないから、白隠下の師家の所に言って、点検を受けたまえ。和尚に『無字』を見たら、その『無字』を摘んで、わしの前に出して見よと言われたときに、摘んで出せなかったら、ちりんをくうぞ」というようなことを言って、道友の古川堯道老師への紹介状を書いてくださった。

3 白隠下の「公案体系」第一部（機関第二）

機関 〝活動の仕掛けを施したからくり〟のことで、そこから〝他物を活動させる働き〟のことをもいう。ここに「機関」というのは、「機用《きゆう》」の意で、禅的〝働き〟の意である。師家が学人を教育するさいの働きを「作略《さりゃく》」というが、喝を吐き、棒を振るい、あるいは指を立て、あるいは拳を挙げる。すべてこれ「悟り」の〝働き〟である。

「法身」の公案で、「平等」の体験を得ても、その「悟り」が「差別」の世界で、すなわち日常生活の上で、自由に働かなければ役に立たない。そこで、「法身」の則で〝平等〟の境涯が手に入ったら、それを次の「機関」の公案で日常生活の〝差別〟の上で自由に働けるように修行させていくわけである。

鈴木大拙先生に、この「機関」という語を、どう英訳しましょうかと尋ねたら、〝dynamism〟と訳しておけと言われた。「法身」の見解《けんげ》が、ともすれば「平等」観に陥り易いので、その「悟り」の「平等」の境地に腰を落ち付けずに、日常の「差別」の生活において、順境・逆境の二境に妨げられないで、自己と万法《まんぼう》（すべてのもの・こと）とぴたりと一つになれるように、訓練するのである。いわゆる「悟後の修行」である。だから、公案は、一則一則「別解脱」であると言う。「機関」の公案で、一則一則の〝別解脱〟の境涯を練っていくわけである。こうして一つ一つの公案で、真の「解脱」を練るのである。

ある人は、「いったんしっかり見性すれば、それでもう充分だ。そのうえに、あれこれの〈機関〉などという公案を用いて何になるか、ほんとうに徹底して悟れば、もはや〈正念相続〉などということは要らぬはずだ」と言われる。しかし、「正念決定《けつじょう》」ということは、ただちに「正念相続」できるということではないから、古人は、先の論者のような「一枚悟り」を叱りつけて、「見泥裏《けんでいり》の蚯蚓《きゅういん》」と言われた。〝見た、悟った〟という〝泥のなかに潜り込んでいるミミズめ〟というのである。確かに「理」（抽象的な法理）の上においては、頓に（はっと）悟るに違いないが、「事《じ》」（具体的な事実）の上では、漸々《だんだん》に習得していかなければならない。『首楞厳《しゅりょうごん》経』に、「理は頓に悟る。悟りに乗じて併せ証す。事《じ》は頓に除くにあらず、次第によって尽くす」と言われている。この事上の練磨がなければ、「差別」の塵境において、真に「自由」を得ることはできない。だから、経典には、文殊菩薩で、「見性」の大智を表わし、普賢菩薩で「悟後の修行」を表わしているのである。古人は言った、「涅槃の心は暁《あきら》め易く、差別の智は明らめがたし」と。

次に「機関」の公案の例を挙げておく。

㈠、僧、雲門に問う、「如何なるか、是れ諸仏出身のところ」。門云く、「東山水上行」(『葛藤集』第五七則)。

㈡、南泉和尚、東西の両堂の猫児《みょうじ》を争うによって、泉、乃ち提起して云く、「大衆《だいしゅ》、道《い》い得ば、便《すなわ》ち救わん。道い得ずんば、便ち斬却せん」。衆、答うるなし。泉、遂《つい》に之れを斬る。

晩に趙州、外より帰る。泉、州に前話を挙示す。州、乃ち履《くつ》を脱いで、頭上に安じて出ず。泉云く、「子若《おんみも》しあらば、乃ち猫児を救い得たらんに」(『無門関』第一四則)。

㈢、趙州、僧の「某甲《それがし》、乍入《さにゅう》叢林。乞う、師指示せよ」と問うに因って、州云く、「喫《きつ》粥《しゅく》し了《おわ》るや」。僧云く、「喫粥し了れり」。州云く、「鉢盂《はつう》を洗い去れ」。其の僧、省《せい》あり(『無門関』第七則)。

㈣、兜卒《とそつ》和尚、三関を設けて学者に問う、「一に曰く、撥草《はっそう》参玄は只だ見性を図る。即今、上人の性《しょう》、甚《なん》の処にか在る。二に曰く、自性《じしょう》を識得すれば、方《まさ》に生死《しょうじ》を脱す。眼光落つるとき、作麼生《そもさん》か脱せん。三に曰く、生死を脱得すれば便《すなわ》ち去処《こしょ》を知る。四大分離して甚《なん》の処に向かってか去る」（『無門関』第四七則）。

㈤、黄龍三関。「我が手、仏手と何似《いずれ》ぞ？　我が脚、驢脚と何似ぞ？　人々《にんにん》、箇《こ》の生縁あり」（『無門関』巻末付録）。

以上の「法身」と「機関」の公案については、前に「理致・機関」の公案について述べたところを再読していただければ、これ以上の説明は要らないであろうと思う。

4　白隠下の「公案体系」第一部（言詮第三）

言詮《ごんせん》　英訳では“Verbal expression”というが、〝言句をもって宗旨を表詮する〟の意である。

第一に、禅門の体験は、もともと言語で表現することのできないものである。これを「言詮不及《ごんせんふぎゅう》」と言い、「不立文字《ふりゅうもんじ》」と言う。しかし、その言語で表現できないところを、なおも言語で表現しなければならない。そこに、自分の体得を人に伝えて、人にもまた自分と同じような体験をさせなければならないという、禅者の「慈悲心」がある。そのことを、『楞伽経《りょうがきょう》』に、「宗通・説通《せつつう》」と言っている。「宗通」とは、〝宗旨に通じる〟ということである。みずからの体験底である。「説通」とは、〝説に通じる〟ということである。みずからの体験を言語で表現して、他人を教化《きょうけ》することである。だから、「宗説二通」であってはじめて大乗の菩薩であると言える、と言われる。

第二に、この「言詮」の公案は、どんなにまぎらわしい言句をつきつけられても、その言詮のどこに宗旨があるかということを完璧に見破る、そういった「悟りの眼」を養うのを目的とするということでもある。本来、「理路に渉《わた》らず、言詮に墜ちない」のが禅者である。禅では「不立文字・教外《きょうげ》別伝《べつでん》」と言うのだから、言語を絶したところが禅の体験底であるが、そこをなおも言句で表現してやまないところに禅の菩薩行がある。そこに、禅者の「言句の妙」と言われる消息がある。そこで、古人の「言句の妙」を看破して、その言詮の宗要（宗旨の要《かなめ》）を的確に捉えることに、この言詮の公案の眼目があるのである。

だから、以上述べた第一と第二と、大智と大悲の両方から「言詮」の公案を見ていかなければならない。単に他人の言句を看破することだけにこの公案の眼目があるのではない。何か言われて、向こうの言葉についてまわって、いわゆる「語《ご》脈裏《みゃくり》に転却《てんきゃく》せられ（言葉に引きまわされる）」（雲門《うんもん》）たのでは、禅者とは言えないから、もちろんどんなにまぎらわしい言句をつきつけられても、その宗意を見抜くという訓練は大事である。

古来、すぐれた禅匠は、すべてこのように言句を自由自在に用いたのであるが、なかでも趙州は、「口《く》唇皮《しんぴ》上《じょう》に光を放つ」と言われ、雲門は、五家《ごけ》のなかで「言句の妙密」をもって聞こえたので、「言詮」の公案と言うと、この二人の古則が典型的に用いられる。

以下に「言詮」の公案の例を挙げる。

㈠、趙州、一庵主の処に到って問う、「有《あ》りや有りや」。主、拳頭《けんとう》を竪起《じゅき》す。州云く、「水浅うして是れ船を泊する処にあらず」といって、便《すなわ》ち行く。又た一庵主の処に到って云く、「有りや有りや」。主、亦た拳頭を竪起す。州云く、「能縦《のうじゅう》能奪《のうだつ》、能殺《のうせつ》能活《のうかつ》」といって、便ち作礼《さらい》す（『無門関』第一一則）。

㈡、趙州、新到《しんとう》に問う、「曾《か》つて此間《すかん》に到るや」。僧云く、「曾つて到る」。師云く、「喫茶《きっさ》去《こ》」。又た一僧に問う。僧云く、「曾つて到らず」。師亦た云く、「喫茶去」。後に院主《いんじゅ》云く、「和尚什《なん》麼としてか曾つて到るも也《ま》た『喫茶去』と云い、曾つて到らざるも也た『喫茶去』と云う」。師、院主を召す。主、応諾《おうだく》す。州云く、「喫茶去」（『五燈会元《えげん》』）。

㈢、僧、雲門に問う、「如何なるか是れ仏」。門云く、「乾屎橛《かんしけつ》」（『無門関』第二一則）。

㈣、洞山《とうざん》、僧の「如何なるか是れ仏」と問うによって、山云く、「麻三斤《まさんぎん》」（『無門関』第一八則）。

㈤、慧《え》忠国師《ちゅうこくし》、三たび侍者を喚ぶ。侍者三たび応諾す。国師云く、「将《まさ》に謂《おも》えり吾、汝に辜負《そむ》くと、元来却って是れ汝の吾に辜負けるなり」（『無門関』第一七則）。

この「言詮」の公案と、次の「難透」の公案は、白隠が、先の「理致・機関・向上」とは別に、特に加えた公案のグループである。

5　白隠下の「公案体系」第一部（難透第四）

難透《なんとう》　鈴木大拙先生の英訳によれば、"those difficult to pass through" であるが、文字どおり〝透り難い〟公案である。しかし、このグループの公案を与えられたとき、見地が透りがたいというのか、それとも、見解はすぐに立つが、境涯（その人が身につけた心境）はなかなか透りがたいというのか、二つの解釈の仕方がある。が、私は前者もさることながら、後者を主として考えたいと思う。もともと公案というもののむずかしさとかやさしさというのは、人にあって公案そのものにあることではない。事実、ある人にとっては難透であった公案が、他の人には何ということなくすらすら透れるということだってあるのである。しかし、ある種の公案に、最大公約数的なむずかしさと言うような、客観性があることもまた事実である。

古人は、修行者が「法身」の公案によっていったんの見性経験ののちに、さらに「機関」や「言詮」の公案によって、差別の境涯を日常生活の上で練っていって、そこから衆生済度の菩薩行に打って出るための力を身につけさせようとしてさまざまな方便を設けて導かれた。今日から言えば、「難透」の公案をぶっつけられたわけである。だから、「難透」の公案と言っても、何も白隠だけのことではない。そうでないと、修行者の煩悩妄想の残り滓を徹底して奪うことはできないからである。入り組んでいて、なかなか透り抜けがたい、天まで届く荊棘《いばら》の林、そういうものを次から次へとくぐっていって、進むことも退くこともできないようなところで、改めて境涯を練らせないと、ほんとうの境涯は練り上げられない。それで、いかなる久参の修行者も、こうした「難透」の公案にぶつかると、兜《かぶと》を脱いでしまう。今までの修行がほんものではなかったと、改めて再修行の決意をするのである。そこではじめてほんものができあがるのである。優れた古人の伝記を考えてみると、悟ったうえにも悟り、練ったうえにも練り、悟りが日常の働きのうえで磨きがかかって、言葉と悟りが一致するようになって、はじめて禅者としての「自由」を得るのである。大慧《だいえ》禅師なども、みずからの境涯を省みて、「大悟十八回、小悟その数を知らず」と言われている。大慧に倣《なら》った白隠が、先の「言詮」の公案を、今また「難透」の公案を特別に設定されたことも、白隠の教育者としての力量の偉大さをつくづく考えさせられる。

さて、白隠は、「八難透」ということを言っている。八つの「難透」の公案である。有名な「粉引き歌」のなかに、「最後万重《ばんじゅう》の関鎖《かんさ》がござる。これが、禅者の胸腹病《むなふくびょう》だ。関鎖なければ、禅宗は断える。命がけでもみな透過せよ。関鎖なければ禅じゃない。鯉魚《りぎょ》も龍門《りゅうもん》五重を超える、野狐《やこ》も稲荷の鳥居は越すぞ。さすが禅宗の飯や食いながら、関鎖透らにゃ一分たたぬ。疎山寿塔《そざんじゅとう》に牛窓櫺《うしそうれい》、乾峰三種《けんぽうさんしゅ》に犀牛《さいぎゅう》の扇子、白雲未在《はくうんみざい》に南泉遷化《なんせんせんげ》、倩《せん》女離魂《じょりこん》に婆子焼庵《ばすしょうあん》よ。これを法窟《ほうくつ》の関鎖と名づけ、または奪命《だつみょう》の神符《しんぷ》ともいう。これら一々透過ののちに、広く内典外典《げてん》を探り、無量の法材集めておいて、三つの根機を救わにゃならぬ。三つの根機のその中に、真の種草《しゅそう》を求むるがおも」と言っている。

次に今の白隠の「八難透」の公案を挙げておく。

㈠、撫州《ぶしゅう》疎山《そざん》の仁《にん》禅師、主事の僧の師の為に寿塔《じゅとう》を造り了《おわ》って、来たって師に白《もう》すに因って、師曰く、「汝、幾銭を匠人に与うるや」。僧云く、「一切和尚にあり」。師云く、「はた三文を匠人に与《よ》うるが好きか、はた両文を匠人に与うるが好きか、はた一文を匠人に与うるが好きか。もし道《い》い得ば、わが与《ため》に親しく寿塔を造らん」。その僧茫然たり。羅山《らざん》、時に大庾嶺《だいゆれい》に在って住庵《じゅうあん》す。後に僧あり、大嶺《だいれい》に到って前話《ぜんな》を挙《こ》す。嶺（羅山）云く、「還《ま》た人の道《い》い得るありや」。僧云く、「未だ人の道《い》い得るなし」。嶺云く、「你《なんじ》帰って疎山に挙《こ》して道《い》え、『もし三文を匠人に与えば、和尚此《こ》の生には決定《けつじょう》して塔を得じ。もし両文を匠人に与えば、和尚と匠人と共に一隻手を出《いだ》さん。もし一文を匠人に与えば、匠人に帯累《たいるい》して眉鬚《びしゅ》墜落せん』と」。

僧回《かえ》って疎山に挙《こ》す。師、威儀《いぎ》を具《ぐ》して、遥《はる》かに大嶺を望んで、礼拝讃歎して云く、「将《まさ》に謂《おも》えり人なしと。大庾嶺《だいゆれい》に古仏あり、光を放って此間《すかん》に至る。然りと雖も也《ま》た是れ臘月裡《ろうげつり》の蓮花《れんげ》」。大嶺聞き得て云く、「我、与麼《よも》に道《い》うすら、早《すで》に是れ亀毛《きもう》長きこと数尺なるに」（『葛藤集《かっとうしゅう》』第一四〇則）。

㈡、五祖曰く、「譬《たと》えば水牯牛《すいこぎゅう》の窓櫺《そうれい》を過ぐるが如し。頭角《ずかく》四蹄《してい》都べて過ぎ了《おわ》る。甚麼《なに》に因ってか尾巴《びは》過ぎ得ざる」（『無門関』第三八則）。

㈢、乾峰《けんぽう》和尚上堂《じょうどう》して曰く、「法身《ほっしん》に三種の病い二種の光あり。須らく是れ一たび透過すべくして、はじめて穏坐《おんざ》の地を解《げ》せん」。雲門、衆《しゅ》を出でて云く、「庵内の人甚麼《なん》としてか庵外の事《じ》を知らざる」。峰、呵々大笑《かかたいしょう》す。門云く、「猶お是れ学人《がくにん》が疑処」。峰云く、「子《おんみ》是れ什麼《なん》の心行《しんぎょう》ぞ」。門云く、「也《ま》た和尚の相委悉《あいいしつ》せんことを要す」。峰云く、「直《た》だ須らく恁麼《いんも》に穏密なるべくして、はじめて穏密の地を解せん」。門云く、「喏々《じゃじゃ》」（『葛藤集』第一七則）。

㈣、塩官《えんかん》一日、侍者を喚《よ》ぶ、「わが与《ため》に犀牛《さいぎゅう》の扇子《せんす》を将《も》ち来たれ」。侍者云く、「扇子破れぬ」。官云く、「扇子既に破れなば、我に犀牛を還《かえ》し来たれ」。侍者対《こた》えなし。投子《とうす》云く、

「将《ひ》き出すことを辞せざるも、恐らくは頭角《ずかく》全たからざらん」。雪竇《せっちょう》拈《ねん》じて云く、「我は全たからざる底《てい》の頭角を要《ほっ》す」。石霜云く、「もし和尚に還《かえ》さば即ちなからん」。雪竇拈《ねん》じて云く、「犀牛児猶お在り」。資福一円相を画して、中に一牛字を書く。雪竇拈じて云く、「適来《せきらい》、什麼《なん》としてか将《ひ》き出ださざる」。保福云く、「和尚年尊なり、別に人を請《しょう》ぜば好《よ》し」。雪竇拈じて云く、「惜しむ可し、労して功なきことを」(『碧巌録』第九一則)。

㈤、白雲端《はくうんたん》禅師、五祖の演に語って曰く、「数禅客あり廬山《ろざん》より来たる。みな悟入の処あり。伊《かれ》をして説かしむるに、亦た来由《らいゆう》あることを得たり、因縁を挙げて伊に問うに、亦た明らめ得たり。伊をして下語《あぎょ》せしむるに、亦た下《く》だし得たり、祇《た》だ是れ未在《いまだし》！」(『葛藤集』第二六九則)。

㈥、長沙《ちょうさ》の岑《しん》禅師、因《ちな》みに三聖《さんしょう》の秀首座《しゅうしゅそ》をして問わしめて云く、「南泉遷化《なんせんせんげ》して甚麼《なん》の処に向かってか去る」。師(長沙)云く、「石頭《せきとう》の沙弥《しゃみ》たりしとき、曾つて六祖に見《まみ》ゆ」。秀云く、「沙弥たりしときを問わず。南泉は遷化して甚麼の処に向かってか去る」。師云く、「伊をして尋思《じんし》し去らしむ」。秀云く、「和尚は千尺の寒松《かんしょう》ありと雖《いえど》も、且《か》つ条《えだ》を抽《ぬき》んずるの石筍なし」。師黙然《もくねん》たり。秀云く、「和尚の答話を謝す」。師亦た黙然たり。秀回《かえ》って三聖に挙示《こじ》す。聖云く、「もし実に与麼《よも》ならば、臨済《りんざい》に勝《まさ》ること七歩。是《か》くの如くなりと雖然《いえど》も、待《まさ》に我、明日更《さら》に看過せん」。明日に至って、乃ち問う、「承り聞く、和尚昨日

〈南泉遷化〉一則の話に答うと。謂《い》うべし、光前絶後、今古聞くこと罕《まれ》なりと」。師亦た黙然たり（『葛藤集』第二八二則）。

(七)、五祖、僧に問うて云く、「倩女離魂《せんじょりこん》、那箇《なこ》か是れ真底《しんてい》」（『無門関』第三〇則）。

(八)、昔、婆子《ばす》あり、一庵主《あんじゅ》を供養して、二十年を経たり。常に一の二八《にはち》の女子をして飯を送って給侍《きゅうじ》せしむ。一日《いちじつ》、女をして抱定《ほうじょう》せしめて曰く、「正与麼《しょうよも》の時、如何」。主曰く、「古木寒巌《こぼくかんがん》に倚《よ》る、三冬暖気《さんとうだんき》なし」。女子帰って婆子に挙《こ》す。婆云く、「我二十年、ただ箇《こ》の俗漢を供養し得たり」といって、遂に遣出《おいい》だして庵《いおり》を焼却す（『葛藤集』第一六二則）。

6　白隠下の「公案体系」第一部（向上第五）

向上　鈴木大拙先生に何と英訳しますかと聞いたら、"non-attachment"と訳せよと言われた。〝執われなし〟の意である。「向上」については、すでに「理致・機関・向上」のところで、説明したから、それを参照していただきたい。これも前に述べているが、この語は、古典語の〝上に向かう〟という意味ではなくて、唐宋時代の俗語の〝その上・その先〟ということだと、最近の語学の研究は教えている。詳しくは、「仏向上」と言って、〝仏のその上〟ないし、〝仏のその先〟ということである。

悟って仏になったのはいいが、その悟った仏に執われることを、禅では「仏見・法見《ほっけん》」

と言って嫌うのである。公案の修行を終えて大事了畢《だいじりょうひつ》して、法を得たというのはいいが、その「得法」を自らひっかついで、「乃公《だいこう》は法を得た」と意識することを、禅では「法見」と言って嫌うのである。俗にも「味噌の味噌臭きは上味噌にあらず」と言う。「仏見・法見」に執われては、せっかく「煩悩」の執われである「鉄鎖」を解脱しても、今度は「仏見・法見」という金鎖《こんさ》に執われることになる。鉄であろうと黄金であろうと、「鎖」は我々を縛って、「自由」の境地を得させないのである。そこで、古人は、これを「金鎖の難」と言った。

だから、「向上」を説明して、「要するに、法身・機関・言詮・難透と経過していくのは、これまた向上の姿であるとして、どこまでも進歩してやまない立場である」と解説するのは当たらない。「向上」の公案は、どこまでも、「仏見・法見」を払って、「自由」の境地を得させる公案であって、単に〝上に向かう〟意ではないからである。

さて、白隠自身の語録を参照された鈴木大拙先生や朝比奈宗源老師が、公案の体系を述べられるときに、「向上」の公案のカテゴリーを挙げておられない文章があったが、白隠の「公案体系」としては「向上」は、必ずなければならないのである。

先ほど白隠下の「八難透」のところで、五祖法演の「白雲未在」の公案を「難透」のなかに入れてあった。これは「向上」の公案に配すべきものである。古くは、「難透」の公案のなかで「向上」の公案を見るというようなこともあったようである。

だから、朝比奈老師は、「向上」のカテゴリーを挙げてはいないが、「難透」の解説のなかで、「人の常情としていったん相当な悟境を得ると、その新奇な世界の法悦に満足して、さらに進んで向上するということはかなりむずかしいことである。その段階に腰をすえて自己満足してしまった例は禅者の歴史にたくさんある。そういう人は自分ではそれでよいとしても他人を済度する力がない。否、ほんとうは厳密な反省をしてみたならば、自分も救われていないのである。難透の公案はかかる人への痛棒である。『山上さらに山あり』を知らしめる標幟《ひょうし》である。禅者にして『仏向上』の路をたどろうとする者は、必ず難透と呼ばれる公案に参ぜねばならない。五祖法演の『白雲未在』の話に参徹したごときがそれである。こうして彼方此方で悟ったり得たりしたと信じていた大切な悟境を木端微塵《こっぱみじん》に叩きこわしてしまう。禅者はこれを『破家散宅《はけさんたく》』という。持てるものもない代わりに絶対失うものもない。『瀟洒絶《しょうしゃぜつ》、絶瀟洒《ぜつしょうしゃ》』の場所、洛甫《らくほ》禅師は、『末後《まつご》の一句はじめて牢関《ろうかん》に到る』と言われた。法演のいわゆる『下載《あさい》の清風《せいふう》』に吹かれる天地である。難透の公案は学者にかかる悟境をもたらす機縁となる」と言われている。

次に公案の実例を挙げる。

(一)、「白雲未在」の公案は、先には「八難透」の公案に入れたが、正しくはここに移すべきである。

(二)、百丈《ひゃくじょう》再び馬祖《ばそ》に参ず。侍立《じりゅう》する次《おり》、祖、目を以《も》って禅床角頭《ぜんしょうかくとう》の払子《ほっす》を視《み》る。祖、師の来たるを見て払子を拈《と》って竪起《じゅき》す。丈《じょう》云く、「この用《ゆう》に即するか、この用を離するか」。祖、払子を旧処《きゅうじょ》に掛《か》く。祖、便ち威を振って一喝す。丈、大悟す。後来《こうらい》、黄檗に謂って云く、「我、当時《そのかみ》馬祖に一喝せられて、直《た》だ得たり三日耳聾《ろう》することを」。黄檗覚えず悚然《しょうぜん》して舌を吐く（『葛藤集』第一九〇則）。

(三)、臨済、半夏《はんげ》黄檗に上ぼり、和尚の看経《かんきん》するを見るに因って、師云く、「我、将に謂《おも》えり是れ箇《こ》の人と、元来是れ揞黒豆《あんこくず》の老和尚」。住すること数日、乃ち辞し去らんとす。黄檗曰く、「汝、夏を破り来たり、又た夏を終えずして去るか」。師云く、「某甲《それがし》暫《しばら》く来たって和尚を礼拝せしのみ」。黄檗遂《つい》に打って趁《お》い去らしむ。師行くこと数里、この事を疑う。却回《きゃうい》して夏を終う（『臨済録』）。

(四)、徳山、一日托鉢して堂に下だり、雪峰に「この老漢、鐘《かね》未だ鳴らず鼓《く》未だ響かざるに、托鉢して甚処《なんのところ》に向かってか去る」と問われて、山便ち方丈に回《かえ》る。峰、巌頭《がんとう》に挙《こ》す。頭云く、「大小の徳山、未だ末後の句を会《え》せず」。山聞きて侍者をして巌頭を喚《よ》び来たらしめて、問うて曰く、「汝、老僧を肯《うけが》わざるか」。巌頭、密にその意を啓《けい》す。山乃《すなわ》ち休《きゅう》し去る。

明日陞座《しんぞ》、果たして尋常《つね》と同じからず。巌頭 掌《たなごころ》を拊《う》って大笑して云く、「且《しば》らく喜び得たり、老漢末後の句を会せしことを。他後天下の人も伊《かれ》を奈何ともせざらん」(『無門関』第一三則)。

(五)、「対するに堪えたり暮雲の帰って未だ合せざるに、遠山限りなき碧層々《へきそうそう》」(『碧巌録』第二〇則頌)。

7 白隠下の「公案体系」第二部(洞上五位・十重禁戒・末後牢関)

白隠下の「公案体系」では、以上の「法身・機関・言詮・難透・向上」の「教育体系」の公案を終わった者に、以上を第一部とするならば、さらに第二部として、「五位・十重禁・末後牢関」を課すのである。以下、簡単に触れておく。

洞上五位《とうじょうごい》　「五位」は、もと中国曹洞宗の洞山下の哲学であって、いろいろな「五位」が説かれているが、その中で「偏正《へんしょう》五位」というのを、たぶん中国臨済宗以来取り入れてきたのだと考えられる。日本の臨済宗でも大いに問題とされた。これは、これまでさまざまな公案で修行して来たものを、階級的に整理をさせて、自由に使えるように、いわば引き出しの整理をするというか、理論的にまとめさせようとするための思想的な法材であって、その「白隠下の調べ」は、正受老人《しょうじゅろうじん》伝来と称して、中国曹洞宗また日本曹洞宗ないし日本臨済宗の他の系統の調べに対して独特の見方をする。これまでに、「法身」の公案で、根本を明らめさせ、「機関・言詮」の公案で、その作用《さゆう》を尽くして、働きを練らせて、「難透・向上」の公案で、さらにその境涯を深め、悟臭を抜いて、最後に「五位」の理論的な公案でそれらを再検討して、思想的に整理させるのである。

十重禁戒《じゅうじゅうきんかい》　「十重禁」は、「持戒」の禅的な研究である。大乗の「三聚浄戒《さんじゅじょうかい》・十重禁戒」を禅的な「般若」の見地から検討して、日常生活の上にいかに矛盾なく実践すべきかを工夫させるための法材である。「十重禁戒」は、禅では、「仏心宗正戒《ぶっしんしゅうしょうかい》」ないし「無相《むそう》心地大戒《しんちだいかい》」ともいう。

朝比奈宗源老師は、「このような階級的組織は、全部参究してはじめてその完璧を得るのであるが、実際としては、その専門の修行者すら終わりまで参究する者は稀で、多くは途中で退却してしまう。その場合、『五位』の調べはよいとしても、『十重禁』のごとき生活に不可分な関係を持つ宗旨の商量に触れずに終わるのは、その教育が無階級の中の仮定的階級であることを思わない教育的活眼を欠いた禅者の指導上の過失であるが、それがわが門多数の者の実情である」と言われて、この「十重禁戒」まで調べないうちに道場を去る修行者が大半であることに対して、深い憂慮を表明していられる。

現に、滴水《てきすい》・龍淵《りょうえん》下では独自の教育的な工夫をして、「法身・機関・言詮・難透・向上」の公案体系が終わってから、「五位・十重禁」に入るという一般の室内のやり方を改めて、かなり早い時期に「五位」を見せ、さらに、以上の第一部の教育体系の修行中に、「十重禁」をも調べさせるというやり方をしている。これは、朝比奈老師の憂慮と同じような思いを抱かれた滴水・龍淵両老師の慈悲心による教育的工夫であったと思うのである。他の室内でも学んでよいことではないかと思う。

末後《まつご》牢関《ろうかん》　白隠下の「公案体系」の最後は、「末後の牢関」（英訳では"final gate"という）である。〝最後の公案〟と言っても、特に決まった公案があるわけではなくて、ただこれでもって、修行者に宗旨の最後を尽くさせるという意味である。妙心僧堂開単者（僧堂を開いた人）の釈越渓《えつけい》老師が、「臨済一句白状底」の公案を「末後の牢関」とされたことは、つとに有名である。またある室内では、「無字」に始まって「無字」に終わると言って、ある「無字」の拶処をもって「末後の牢関」としているところもある。さらにご丁寧に、「末後の牢関」の後に「最後の一訣《いつけつ》」を置く卓洲《たくじゆう》系の綿密な室内もある。

以上、簡単ではあるが、白隠下の公案体系について、述べてみた。

十三　圭峰宗密の五種の禅

以上、私は、今日日本だけに伝えられる「生きた伝統禅」の二大派について考察してきた。これが今日は、アメリカやヨーロッパに伝えられて、各界に大きな影響を与えている。「禅仏教」は、もはや「日本」だけでなく、「世界」の禅仏教になろうとしている。こうしたときに、私は改めて「禅」のあり方について考えてみるべきことがあると思う。次の圭峰の説は、そうした世界の現代禅への反省の手がかりとなると思う。

圭峰宗密《けいほうしゅうみつ》（七八〇―八四一）に「五種の禅」の説がある。外道禅、凡夫禅、小乗禅、大乗禅、最上乗禅（如来清浄禅）である。以下に、簡単に説明してみる。

1　外道禅

「外道」という日本語は、〝邪説を説く者〟とか、〝災難をもたらす者、悪魔〟とか、また〝他人を罵っていう語〟として使われるが、本来は仏教語で、〝仏教以外の教えを奉ずる者〟の意である。ここでは、あくまで本来の意味で用いられる。すなわち、「外道禅」

とは〝仏教以外の宗教ないし哲学を奉ずる者の説く禅〟である。

　それは「自己」の外に真理を見る人々である。この人々は絶対者としての「神」や「仏」を、何らかの理念《イデー》として自己の外に立てて、下《しも》なる自己と世界とを厭い、上《かみ》なる理想を欣び慕って、それに近づき到達しようと努力する一種の理想主義者である。また、そうでない宗教としての神や仏を奉じる人々でも、そこには、常にどこかに、神と人、仏と衆生、善と悪、美と醜、真と偽、聖と俗、悟と迷という「二元対立」の取捨の念がある。ひっきょう、「心外に法を求める」からである。

　最近は世界的な「禅」の流行で、キリスト教の人々、特にカトリックの方々が、よく「禅」を求められる。しかし、カトリックの司祭であって、同時に臨済正宗《しょうじゅう》の、また曹洞正宗の師家分上であることが、はたして可能であるかどうか、私は深い疑念を表明して来た。すでにダライ・ラマは、「唯一神を信ずる者が、同時に仏教徒であることはできない」と言っている。これには「唯一神」とは何かということの定義が必要であるが、「エックハルトは異端なのか」と訊いても、はっきりとした返事が回《かえ》って来ないカトリック教団の現状では、私のこの疑念は容易に消えそうもない。

　「自己に対向して立つ神」を認める限り、禅ではない。「神」を突破して「神性」（絶対無）を言うのでない限り、キリスト者がいかに禅を修しても、禅者はやはりそれは外道禅だと言うよりほかにない。このさい、「外道禅」というのは、断じてそれをけなして言うのではない。禅は仏教に限ることではないから、「キリスト教禅」ないし「カトリック禅」があって結構である。ただそれは「正伝の仏法」にいう禅ではないというまでである。

こう言えば、仏教でも浄土教という「信」の宗教があり、阿弥陀仏を立てるではないか、という反論があろう。しかし、「阿弥陀仏」は、けっして自己の外にある唯一神ではない。だから親鸞教においては、「自《じ》然《ねん》法爾《ほうに》」ということを言って、「阿弥陀仏は〈自然〉の様を知らせんための料なり」と言うのである。

2 凡夫禅

これは「こうすれば、こうなる」という因果の理法を信ずることはできたが、「欲深さまの鳥の市」の熊手のように、「自我」を中心に何でも自分のほうにかき寄せる、ひたすら功徳を求めて修行する禅である。

健康や美容のためにする今日のヨーガ禅なども、その一例である。健康になろう、美しくなろう、心の安心立命を得よう、とするのが悪いというのでは、けっしてない。しかし、そんな自我の幸せだけの思いで禅を修するのは、「正伝の仏法」の禅ではないというのである。

俗に禅は「自力」の宗教だという語に迷わされて、禅を単に「自我」レベルの立場からだけ考えることは、大きな間違いである。確かに、仏教はある意味で「無神論」であり、釈尊の教えは「無霊魂論」であった。だからと言って、禅仏教の「悟り」経験を、人間の単なる「自我」レベルでの体験と考えてはならない。そのことはすでに他の所で詳しく述べた。禅者(?)自身が哲学的素養を欠くために、時に単に「自力」の教えであるかのような疑念を抱かせる不用意な発言をして、誤った禅を説くから困るのである。

3 小乗禅

これは、仏教の門に入って、「自我は空だ」という真理には達したが、その「空」の見方が偏っているために、これまた「正伝の仏法」にならない禅である。「小乗」というのは、迷いの此岸から悟りの彼岸に渡るのに、自分独りしか乗って渡れない〝小さな乗り物〟の意で、自分の救いだけを考えて他人のことを考えない〝劣った教え〟をいう語である。それは無念無想の「無相定《むそうじょう》」に入って、ひとり合点でこれが仏の境地だと、誤ってみずから楽しんでいる羅漢の禅である。

東嶺(一七二一―一七九二)が、初めて白隠の所へ行ったとき、師の白隠が語って聞かせたという話がある。——自分が初めて師の正受《しょうじゅ》老人に逢ったとき、師匠にこう聞かれた、「おまえは何のために法を求めるのか」。そこで自分は答えた、「私は小さいときから地獄の苦しみが恐しくて、それで出家しました」。すると、老人は目を怒らして叱りつけて、「この自領の漢（自分だけ救われればよいと思っている男）！　そんなふうで道を求めて、何の役に立つものか」と言われた。そこで自分は、改めて「それなら、どう心がけたらよいのでしょうか」と問うた。老人はしばらく黙って坐っていたが、「菩薩に〈四弘《しぐ》の誓願〉がある。おまえはどうしてそれによって修行しないのか」と言われた。白隠はこう語って、東嶺の発心が自分の初発心時より善いとほめたというのである。

4　大乗禅

これは、「自我は空だ、そしてその自我は空だという悟り、すなわちその悟りの法（真理）もまた空だ」と、「我・法二空」という真理を悟って修行する禅である。「人《にん》（主観）法《ぼう》（客観）二空」ともいう。「大乗」というのは、自分が悟る（自覚）だけでなくて、他人をも悟らせる（覚他）ことをいう。「自利」と「利他」との「覚行円満」の菩薩の教えである。悟っても、その悟りの境地である涅槃（寂滅）に住《とど》まらない（不住涅槃）で、すぐに此岸に還《かえ》って来て、次の衆生を渡す渡し守《も》りのような者である。

人をのみ渡し渡して己が身はついに渡らぬ渡し守りかな

恩師鈴木大拙先生は、よく言われた、「極楽は往き去りにする所ではない。往ったらすぐに還って来て、娑婆で苦しんでいる衆生を救うのだ」と。

5　最上乗禅（如来清浄禅）

これは、「自分の心は本来清浄（空）だ」、もともと煩悩などない、煩悩のない「不生《ふしょう》（空）の仏心」をみんなが生まれながらにもっていて、「この心がそのまま仏だ」（即心即仏）、「衆生の心と仏の心と結局異なるところはない」（心心不異）と頓悟（はっと悟る）して、その悟りによって修行する禅である。これをまた「如来清浄禅」とも言う。

十四　「仏教」とは何か

1　改めて「仏法」を問う

そもそも「仏教」とは何であろうか。それは〝仏陀の［説かれた］教え〟であり、また、めいめいが〝仏に成るための教え〟である。「仏」とは何か。〝目覚めた人（覚者）〟である。何に目覚め、何を覚《さと》るのか。「本来清浄」の自己（心性）を覚るのである。その〝覚りの智慧〟のことを「般若」という。だから「般若」が仏道の第一義であり、「仏法」は〝般若の法門〟である。

ただ問題はその「般若」の内容である。「般若」は、大乗仏教になってから唱え出されたと考えられていたが、実は「般若」の語は釈尊の生存中から用いられていたことが明らかにされた。それは初期仏教以来、「心性本清浄」の意味で使われた。「心性本清浄」というのは、〝我々の心の本性は本来清浄〟であるということである。このさいの「清浄」の語は、〝汚穢《けがれ》〟に対する〝清浄《きよらか》〟という相対的な意味ではなく、大乗にいう「空」ということ、初期仏教の「無我」ということを指す、〝絶対清浄〟（絶対無）を意味する。

こうした〝絶対清浄〟（絶対無＝空）なる「本来の自己」の〝自覚〟こそが「仏教」であり「般若」であった。

仏陀はその示寂（死）に臨んで弟子たちに遺言された——如来は去《ゆ》く。これからもう君たちの師はいない。今後、君たちは「自」（自己）を依り処（自燈明）とせよ、「法」（真理）を依り処（法燈明）とせよ、と。

これが有名な「自燈明」「法燈明」の説である。漢訳で「燈明」と訳された原語は「島」とも訳することができて〝中洲〟の意だという。インドは一洲全体が洪水に逢うような土地柄で、そうしたときには「島」（中洲）は〝生命の依り処〟となる。それで「自燈明」

とは〝「自己」が人生の依り処〟であるという意であり、「法燈明」とは〝「法」が人生の依り処〟であるという意味である。

「法」とは何か。「法」は、キリスト教の「神」に当たる仏教のキーワードである。詳しく言うと、前後の文脈では十何とおりにも訳される複雑な意味をもつ語であるが、大きくは次の三義をもつとされる。まず〝存在〟という意味、次にその存在を貫く〝理法〟すなわち〝真理〟ないし〝真実〟という意味、そして、第三にその真理を悟った仏陀の〝教え〟という意味である。だから、「法」は「如来が世に出ようと出まいと」、永遠に厳としてそこにある〝真実〟だと言われるのである。

仏陀は、こうした「法」を〝依り処〟とせよと遺言され、同時にまた「自」を〝依り処〟とせよとも言われた。仏陀にとって、「法」とは「自」（本来の自己）であったからにほかならない。どんな「自己」か。「心性本清浄」である。それが「般若」ということであった。「般若」という〝覚りの智慧〟は、〝心性本清浄〟という実存理解を意味したという。この事実への目覚めこそが、初期経典の「伝承《アーガマ》」であった。それが仏陀の「覚」の内実であった。部派仏教が特殊な「対法《アビダルマ》」の煩瑣哲学に陥って、この端的な大事の体得を見失ってしまったのを、釈尊に帰って、大乗「空」観として、「無我」の「縁起」説を見直したのが、龍樹の大乗仏教であり、やがてそれは「如来蔵」「仏性」論として結実するのである。私は仏教のインドにおける展開をこのように見ている。

2　本覚（如来蔵・仏性）思想は仏教ではないという学説について

「般若」、この言葉は、すでに古く釈尊在世時から使われており、それは主として、〝人間が本来もっている、浄らかな心、浄らかな本性（「心性清浄」「自性清浄」などという）〟への直観智を指していたという学者の指摘（西義雄著『原始仏教における般若の研究』、昭和二十八年、大倉山精神文化研究所刊）は尊重さるべきであろう。「般若」はけっして〝判断し推論する理性的な知識〟を指すのではなく、むしろ、そのもとにある〝人間本来の心性の直観智〟を意味していた。しかも、その「仏性」は浄らかさを本質とするものであって、けっして不浄や煩悩を本質とするものでない。ここに仏教の基本的な人間観があり、これこそが「般若」の法門の基調である。

「しかし」、いかに本来は浄らかさを具えており、浄らかに生まれついていようとも、生まれたまま（娘生底＝娘《はは》から生まれたまま）ではその浄らかさは発揮できず、かえって汚れによってとりこめられてしまっている。そこで「人間本来の浄らかさ」を、さまざまな修行（体究練磨して一朝自ら覚す）によって、充分に発揮し、完成させる（波羅蜜多）ことが、宗教のつとめであり、より広く、人間の生きている目的である、ということができよう。

これが仏教においては「般若の完成」すなわち「般若波羅蜜多」である（金岡秀友『般若心経』講談社文庫）。

以上、こうしたインド仏教以来の歴史的な展開を受けて、三国仏教二千五百年、ほとんど唯一の「仏教概論」ともいうべき本が、『大乗起信論』である。この書物は、「本覚―不覚―始覚」の説を述べて、中国・日本の仏教に決定的な影響を与えた。禅といえども例外ではない。

ところで、こうした私どもの仏教の考え方に、真っ向から反対する「本覚（如来蔵・仏性）思想は仏教ではない」という学説が、曹洞宗の一部から出されている。それは、駒沢大学の新進気鋭の学者袴谷憲昭教授の説である（同氏『本覚思想批判』大蔵出版刊）。なお、同じ駒沢大のさらに若い松本史朗氏も、同様の学説を述べていられるという。最近は石井修道教授も、袴谷氏に同じて筆者への批判を公けにされている。袴谷教授は、チベット仏教を除いて、『起信論』に基づく中国・日本の仏教を「仏教ではない」として厳しく批判する。高祖道元もまた例外ではない。ただし、道元の真意はむしろ「本覚思想批判」にあったとして、それが『正法眼蔵』七十五巻本ではまだ充分に明らかにされなかったのが、十二巻本ではじめて自己の真に言わんとするところを宣明にしたのだ。それを「本覚思想一本」にしてしまって宗旨を誤ったのが太祖瑩山《けいざん》だというのである。これはまことに刮目すべき学説である。今後大いに純粋に学問的に論究されることが望まれる。なぜ「本覚思想は仏教でない」のか、七十五巻本と十二巻本における「道元思想」に、教授のいう「決定的視点」がはたして学問的に論証されるのか、この二点が仏教学界で承認され、私自身に納得できない限り、私はこの学説には賛同しがたい。

ただし、私自身は、先の「般若」が「波羅蜜多」するという路線から、道元禅を「本証」の自発自展としての「妙修」として、「只管打坐―威儀即仏法・作法是れ宗旨」と捉え、卍山教学による眼蔵家たちの「本分上」に偏って「修証辺」を見落とした『眼蔵』理解が、『御抄』を後生大事として『眼蔵』を読む誤ちによるものとして、詮慧《せんね》の「天台かぶれ」による道元誤解によるものではないかと批判して来たので、その点では道元の「本覚思想批判」の説に、一面賛同を禁じ得ないところである。若き俊秀と言われるお三方の学問的精進を見守りたいと思う。

宗密の論にもどる。禅者たちは、いわゆる一般の大乗仏教の伝えた「禅定」とは区別して、「達磨門下に相伝した禅」に限って「最上乗禅」と呼んだ。これが「中国禅」である。これをのちに「祖師禅」という名で呼ぶようになる。そして、さらに南宗六祖門下の馬祖・石頭系の禅とそれ以外の禅を区別して、後者を主として「祖師禅」と言い、それ以外のインド・中国の禅を「如来禅」と称するようになる。私自身もまた、「如来禅」とは異なるものとして、「祖師禅」を強調してきた。しかし、厳密に言えば、「祖師禅」と「如来禅」とは「全同にして全別」（まったく同じであって、まったく別）であると言うべきであろう。「正伝の仏法」であり、「全一の仏法・純一の仏法」である。私はそうした「祖師禅」を、真の「最上乗の禅」と見る。

付・日本臨済禅への導き

一　道場を訪ねて師家に就く

1　禅三派の中の臨・黄の二派

日本の禅宗は、禅三派というように、曹洞宗・臨済宗・黄檗宗の三宗に分かれる。日本曹洞宗は、鎌倉時代に道元禅師が中国に渡って日本に伝えた流れである。日本臨済宗は道元禅師よりも少し遅れて、大応国師が中国から伝えてきた禅の流れで、その弟子に大燈国師が出て、さらに関山国師が出て、この流れを「応・燈・関」の一系という。その法脈が、徳川の中期にほとんど絶えかけたときに白隠禅師という傑物が現われて、中興された。

もう一つの黄檗宗という流れは、徳川時代の初期に中国人の隠元という禅僧が日本に伝えたものである。これは元来、中国臨済宗の禅の流れの一つである。日本の鎌倉時代からの道元や応・燈・関の禅は、中国の唐時代の純粋の禅の流れを伝えたものであるが、隠元が伝えたのは、念仏の思想が混じったもので、中国の明時代のいわゆる念仏禅である。

彼はもと臨済宗を名乗ったのだが、日本では黄檗宗と呼ばれている。現在の黄檗宗の師《し》家《け》は、隠元下の「人法《にんぽう》」（人から人に伝えられた法）が絶えてしまって、すべて白隠禅師の法孫で占められているから、実際の法の中身からは、臨済宗の中に含めてさしつかえはない。

そこで今日、日本で禅の修行をするばあいには、大きく「道元禅」と「白隠禅」との二つの修行の道が、今に連綿と生きて伝えられているということになる。

私たちはその中で、これから白隠禅の修行の道を学んでいこうというわけである。

2　師家に相見する

皆さんが臨済宗の禅会なり禅の道場へ行くと、まず坐禅を教わる。

禅宗というのは、坐禅宗の省略なのだから、禅宗では坐禅が仏教への正しい入り口（正門）だと考えて、まず坐禅を習得させるのである。

禅会なり禅の道場に行って、坐禅を教わって、半年か一年その坐禅を続けると、先輩が「あなたも、そろそろ老師に相見《しょうけん》したらどうか」と勧める。

「相見」というのは、〝相見《あいまみ》える〟という文字を見ても分かるように、もとは〝人と人とが会う〟ことを言った語であったが、今日の日本の禅語の使い方では、禅会なり道場なりの師家にお目どおりすることをいう。ただ、師家の室に入って一杯のお茶をいただくだけであるが、ここで参禅の心得などを教えられるばあいもある。なお、「老師」というのは、師家に対する敬称であって、年齢には関係なく使われる。

なぜ、先輩が相見を勧めるかというと、白隠禅の修行は、ただ坐禅だけしておればいいというものではなくて、「公案」を使って修行するからである。「公案」とは〝参禅にあたって、師家から学人《がくにん》に与えられる参究の課題〟である。そこで、まず相見の礼を取って、師家に公案をいただいて、その問題を坐禅して工夫することによって、実際の禅の修行が始まるのである。

「師家」とか「学人」とか言ったが、「学人」とは〝学ぶ人〟、すなわち〝修行者〟のことであり、「師家」というのは、〝有資格の禅の指導者〟のことである。有資格とは、正《しょう》師《し》について参禅をして、師匠から「あなたは確かに釈尊伝来の仏法を体得した」として、印可証明を得た者のことである。そうした資格をもつ人を「大事《だいじ》了畢底《りょうひってい》」という。〝一生の参学の大事を了《おわ》った者〟という意味である。そうした人々のことを、また「師家分上《ぶんじょう》」ともいう。

その師家分上の中から、選ばれた人が、伝統的な十四派の本山から、その派の公認道場である僧堂（専門道場）の師家に任命される。臨済宗のばあいは、教団が師家を認定するのではなくて、祖師から祖師へと相承した「人法」を伝える正師が印可した者を、教団はただ尊重するだけである。師家分上の中から、縁があってこの方をということになって、専門道場の師家に拝請《はいしょう》する。本山はただそれを認可するだけである。ここが、師家ないし準師家の資格を教団が認定する曹洞宗のあり方と、臨済宗とが根本的に違うところである。臨済宗の十四派というのは、戦前からの伝統的な宗派であって、戦後の自称本山は含まない。妙心寺派をはじめとする十四派本山が、三十九の専門道場を持っている。これを「本派専門道場」という。別名を「僧堂」ともいうように、得度を受けて僧侶になった雲水だけを入門させて、修行させる場所であり、そこで何年か修行すれば、本山からその派の末寺の住職資格を認定される。だが、今日は、各本山の意向もあって、僧堂には必ずといっていいほど「大衆禅堂」か「在家禅会」が付設されていて、そこで出家ではない在家の皆さんも修行ができるようになっている。

臨済宗の寺は今日四千数百カ寺あって、そこに仮に一人ずつ和尚がいるとすると、四千名の臨済宗の僧侶がいる勘定になるが、そのうちで師家分上といわれる者はわずかに八十名そこそこである。しかも、その人たちはすべて徳川中期の白隠禅師の法孫に当たる方々である。白隠が日本における臨済宗の「中興の祖師」と言われるゆえんである。

さてそこで、八十から三十九を引くと、あと四十人ほど、専門道場の師家に出ていない師家分上の僧侶がいることになる。そういう方々が、道場を開かれたり禅会を主催されたりする場合は、「何々会師家」と呼ばれる。そういう禅会や道場が全国に幾つもある。そこでは、若干の僧侶の修行者もいるが、たいていは在家の修行者が主として修行している。

それ以外に、「居士身の師家」として立っている人々がいる。正師の下で修行をして、大事了畢して、僧侶にならないで、居士身のままで禅会を主催して、「何々会師家」と呼ばれている人々である。

そして禅会ないし教団を作って、なかには宗教法人資格を取るばあいもあるし、そうでないばあいもある。禅会ないし道場の師家が僧籍にあるばあいには、その師家個人を通してその禅会は間接的にではあっても伝統教団の統制下にある。ところが、居士身の師家のばあいには、そうした伝統教団の統制下にないから、その意味では自由である。そこで、伝統教団に僧籍のある僧侶を師家にする禅会と、そうでない禅会ないし教団とは、伝統教団のほうでは自然に一線を画して扱う。それで、厳密な意味では、伝統十四派の教団だけを「臨済宗」と称し、それ以外は「臨済宗系」と称して区別している。

けれども、新興教団が世間の認めるところとなって五十年後、百年後に、そういう新しい教団がまた一つの伝統を形成していくかもしれない。そうなれば、天下の印可である。しかし、こんなことはまったく第二義諦の話であって、第一義諦に立てば、大法に出家・在家という区別はない。在家の皆さんとしては縁のあるところで、みずからの眼で信頼すべき師家を選んで、修行されればよいことである。

3　白隠禅は公案で修行する

話が少し余談に走ったが、「道元禅」のばあいには、公案を使わないで修行をする。それに対して、「白隠禅」のばあいには、どこまでも公案でもって修行していくのである。「公案」を使って修行する禅は、中国の宋の時代に出てきた修行の仕方で、禅が新興仏教として成立して、次々に天才的な禅者を生んだ唐の時代にはなかったことである。唐の時代が過ぎて、五代という時代をちょっとあいだにはさんで、それから北宋時代、南宋時代という時代になると、今までのように放っておいても天才的な禅者が自然発生的に出てくるというような時代ではなくなった。それに禅の修行をする僧侶もたくさん出てきて、当然その素質もさまざまだし、一方「士大夫」と呼ばれる、在家の知識人たちがこぞって禅に入ってくるようになった。そうすると、そういう人々を教育する側の禅匠のほうでも、何とかしてそうした修行者を早く悟りに導く手立てを工夫しなければならなくなった。

そこで、唐時代の禅僧たちは、どうやって悟りへ到達したのか、悟った人たちがどんな言葉を述べたのか、あるいは、どういう行為をしたのか、ということが宋時代の優れた師家たちによって研究された。

その結果、そうした古人の手本を「公案」として修行者に課すことによって、ふつうの素質の人間でも「悟り」が開けるような、教育的な一つの工夫ができあがった。それが、「公案禅」である。主として、中国における臨済宗の「中興の祖師」と称される宋時代の五祖法演《ほうえん》禅師と、その弟子で『碧巌録』の著者である圜悟《えんご》克勤《こくごん》禅師、そしてまたその弟子の大慧《だいえ》宗杲《そうこう》禅師というこの三人の禅匠によって、「公案禅」が大成されたと言われる。また、この公案禅のことを「看話禅《かんなぜん》」ともいう。〝話頭を看る禅〟の意である。「話」は「公案」のことをいう。

ところが一方には、公案を使って修行者を「悟り」へ導く禅のやり方に反対をした人々がいた。そういう人たちは、ただ〝黙って〟坐禅をして〝心を照らして〟いくというやり方が本道なのだと主張した。唐時代の禅者は皆そうしたのだとして、「公案禅」を強く退けた一派がある。この派の中心人物が、先の大慧禅師と好敵手と言われる宏智正覚《わんししょうがく》禅師である。どちらかというと、道元禅師は、後者の宏智の「黙照禅」の流れを引くほうである。ただ道元禅には、宏智の「黙照禅」に解消することのできない大事なものがはっきりあるが、しかしまあどちらかというと、その流れを汲んでいると考えられる。それに対して、白隠禅師は、自分でもはっきりそう断言しているように、明らかに大慧の「看話禅」の流れに立っている。そこから、白隠は彼独自の公案禅の「教育体系」を打ち出したのである。

4　公案とはどんなものか

唐時代の禅僧たちは、自然発生的に「禅経験」というものを体験して、「悟り」に至った。その「悟り体験」の心理的なプロセスを検討した結果、悟るためには分別というものの主体をなす「自我」というものを「空」じて「無我」という体験を経ないと、「悟り」は開けない、すなわち「本来の〈無我の我〉という自己」は露わにならない、ということが分かったので、何とか早く、まずその「無我」の境地に修行者を入らせて、「悟り」を開かせようと考えて、宋時代の禅匠方が工夫されたものが「公案」というものである。

思えば、「坐禅」ということ自体が、こうした〝無我の実践行〟であった。坐禅は、多くの人が誤って考えているように、けっして「自我」を鍛えて「大我」にするための修行ではない。それは、精神修養の手段でも、人格完成の道でもない。そうした「自我」の救いのための行では断じてない。まして、肉体が健康になるとか、肚《はら》ができるとかいうような、「自我」のための利益を目的にすべきものではない。それらは坐禅の結果として、自然に生じてくる功徳にすぎない。仏教は、坐禅をして「自我」が「空」じられて、「無我」の境地が現前したとき、そこに「無我の我」とでもいうべき「仏性《ぶっしょう》」（自己の仏としての本性）が露わになる、と主張するのである。そこに、「本来の自己」の自覚体認がある。それが「悟り」である。

「公案」とは、こうして自我を空じて無我の心境に入り、そこで「無我の我」という「本来の自己」を自覚させるために、中国宋代の禅匠たちによって工夫された優れた「悟りへの近道」である。

こうして、分別・知性というものを本質とする「自我」というものを離れるために、「公案」は、まったくふつうの論理ではナンセンスなような問題を提出する。あるいは、修行者がせっかくまじめに道を求めているのに、師家はことさらに顧みて他を言うような、とっぴょうしもないような問題をぶつける。そうした「公案」が禅門には千七百則もあるといわれている。

これは、『景徳伝燈録』という、中国の禅僧の言行を集めた書物があって、そこに千七百人ほどの禅僧が登場するので、その一人に一つずつの公案があるとして、一口に千七百則といったものにすぎないが、実際には、それとは別に白隠禅師に独自の「公案体系」があるのである。

二　初関を透過して見性する

1　初関はやはり「無字」がよい

公案は一つではない。白隠は、彼独自の公案禅の「教育体系」を作った、と言った。まず、最初に与えられる公案、すなわち「初関」というのは、どんな公案か。これが実は必ずしも決まってはいない。いろいろな公案が使われるわけである。

亡くなった中川宋淵《なかがわそうえん》老師は、何とか修行者に早く初関を透ってもらいたいというので、いろいろな実験をされたようである。

鈴木正三に「念仏禅」の提唱というのがある。「南無阿弥陀仏、南無阿弥陀仏」と、ただ一心不乱に念仏を唱えて坐禅せよ、という主張である。公案であっても、「趙州の無字」とか「柏樹子《はくじゅし》」とか、「須弥山」の公案とか、白隠の「隻手音声《せきしゅおんじょう》」とか、その他にも、有名な「父母未生以前の本来の面目《めんもく》」の公案とか、いろいろある。それで、どういう公案を使ったら、修行者が初関を早く透れるかというので、老師は修行者にいろいろな公案を与えて実験をされたようである。その結果、老師は、あるとき私に言われた、「秋月先生、初関はやっぱり〈無字〉の公案がいちばんよい」。

今日では、ほとんどの師家方が、初関としては、「無字」の公案を使われる。私もそうしている。

そこで、私どもの道場では、日本文の『大燈国師遺誡《だいとうこくしゆいかい》』をお経のように唱えるのと同じように、坐禅の前に『無門関』の第一則の「趙州の無字」の全体を訓読で皆で唱和することにしている。

それは「無字の公案」を〝どのように工夫するか〟ということについて、編者の無門慧開《むもんえかい》和尚が、その「評唱」で〝公案の参じ方〟を親切丁寧に説いているからである。だから、修行者が無門和尚の「評唱」を、そのとおりに実行すれば、「無字」の公案を最も効果的に修行できると信ずるからである。

今のところ、そうしたやり方をしている道場や禅会はまだ私どもの道場だけだが、今後これは全国的に「無字」を初関とする道場や禅会では、どこでも必ず行なわれるようになってほしいものだと思う。

では、重複をいとわず、『無門関』第一則「趙州無字」の公案を訓読で読んでみることにする。

2　『無門関』第一則「趙州無字」

趙州和尚、僧の「狗子《くし》にも還《ま》た仏性ありや」と問うに因って、州云《しゅういわ》く、「無《むー》」。

無門曰《いわ》く、

参禅は須《すべか》らく祖師の関を透るべし、妙悟は心路の絶することを窮めんことを要す。祖関透らず、心路絶せずんば、尽く是れ依《え》草《そう》附《ふ》木《ぼく》の精霊《しょうりょう》ならん。且《しばら》く道《い》え、如何なるか是れ祖師の関。只《た》だ者《こ》の一箇の「無」の字、乃ち宗門の一関《いっかん》なり。遂に之れを目《なづ》けて「禅宗無門関」と曰《い》う。透得過《とうとくか》する者は、但《た》だに親しく趙州に見《まみ》ゆるのみにあらず、便《すなわ》ち歴代の祖師と手を把《と》って共に行き、眉《び》毛《もう》厮《あい》結んで同一眼《どういちげん》に見、同一耳《どういちに》に聞くべし。豈に慶快《けいかい》ならざらんや。

透関せんと要する底《もの》あること莫《な》しや。三百六十の骨節、八万四千の毫竅《ごうきょう》を将《も》って、通身に箇《こ》の疑団を起こして、箇の「無」の字に参じ、昼夜に提撕《ていぜい》せよ。虚無《こむ》の会《え》を作《な》すこと莫かれ、有無《うむ》の会を作すこと莫かれ。箇《こ》の熱鉄丸《ねってつがん》を呑了《どんりょう》するが如くに相似て、吐けども又た吐き出ださず、従前の悪知悪覚《あくちあっかく》を蕩尽し、久々《きゅうきゅう》に純熟《じゅんじゅく》して、自然《じねん》に内外《ないげ》打成一片《たじょういっぺん》なり。啞子《あし》の夢を得るが如く、只《た》だ自知することを許す。驀然《まくねん》として打発《たはつ》せば、天を驚かし地を動じて、関将軍の大刀を奪い得て手に入るるが如く、仏に逢うては仏を殺し、祖に逢うては祖を殺し、生死《しょうじ》岸頭に於《おい》て大自在を得、六道四《し》生《しょう》の中に向《おい》て、遊戯三昧《ゆげざんまい》ならん。

且《しばら》く作麼生《そもさん》か提撕せん。平生《へいぜい》の気力を尽くして、箇《こ》の「無」の字を挙《こ》せよ。若《も》し間断《けんだん》せずんば、好《はなは》だ法燭《ほうしょく》の一点すれば便《すなわ》ち著くに似ん。

頌《じゅ》に曰く、

狗子《くし》仏性、
全提正令《しょうれい》。
纔《わずか》に有無《うむ》に渉《わた》るや、
喪身失命《しつみょう》せん。

3　「無字」の公案とは

趙州和尚、僧の「狗子《くし》にも還《ま》た仏性ありや」と問うに因って、州云く、「無《むー》」。

この読み方は、私自身の訓読で、伝来の読み方とは違って、新しい語学的な立場から少し変えて読んである。以下、ところどころに、こうした新訓がある。

趙州和尚は、僧が「狗子《いぬ》にも仏性がありますか」と尋ねたので、「無」と答えた。

趙州は中国唐代の禅僧の中でもいちばん境涯が高いと言われる、禅界の最高峰である。この人の前に出ると、さすがの臨済禅師もはるかに及ばない。第一、死んだ歳が臨済は趙州の約半分でしかない。だから、禅の境涯の上では、臨済もかすんでしまう。

この公案は、原典の『趙州録』によると、次のようである——

問う、「狗子にも還《ま》た仏性ありや」。師云く、「無し」。学云く、「上《かみ》は諸仏から下《しも》は螘子《あり》に至るまで、みな仏性あり。狗子に什麼《なん》としてか無き」。師云く、「伊《かれ》に業識性《ごっしきしょう》のあるが為なり」。

趙州和尚は、ある修行僧が、「犬にも仏性がありますか」と問うと、「ない」と答えた。修行僧が、「上は諸仏から下は蟻に至るまで、すべて仏性があるのに、犬にはなぜないのですか」と重ねて問うと、「彼に業識性《まよいのしょう》があるからだ」と答えた、というのである。

趙州和尚に修行僧が「犬にも仏性がありますか」と尋ねた。和尚は「ない」と答えた。まずこの質問の意味について考えておく必要がある。「犬にも仏性があるか」。「仏性」という語は、よく使われている中村元監修の『新仏教辞典』（誠信書房刊）を引くと、〝仏になり得る可能性〟と説明してある。それなら、今はまだ仏ではないが、修行すれば仏になる可能性があるということになる。原語は古代インドのサンスクリット語で、「ブッダター」（ないし「ブッダトゥヴァ」）である。それを中国人が「仏性」と訳した。「ブッダ」

というのは〝仏〟である。「ター」というのは、〝仏たること〟というような意味を表わす接尾辞だから、英語で直訳すると、「ブッダフッド」ということになろう。〝仏が仏であるということ〟の意である。それを中国語で「仏性」と訳した。それで、その「性」という字に引かれて、〝仏としての本性〟というような語感から、それを英語に訳するさいに、「ブッダ・ネイチャー」とした。それをさらに如来蔵思想などから〝仏になり得る可能性〟とも解したのである。むろんインド以来の仏教語として見ると、確かにそう解してよい語である。しかし、それでは禅としては困るのである。

私は早くから、禅においては、「仏性」を〝仏になり得る可能性〟と訳してはいけないと主張してきた。なぜなら、禅は「即今《いま》・此処《ここ》・自己《じこ》」しか問題にしないからである。「可能性」というと、今の話ではない、いつか未来のことになる。今は仏ではないが、修行していつか未来に仏になることができるというのが、可能性であろう。しかし、禅はいつかの話は、けっしてしない。過去のことはもちろん、未来のことも問題にしない。いつでも、「即今・此処・自己」しか問題にしない。昨日の私は問題にしない。明日の私も問題にはしない。他人のことも、他所のことも、問題にしない。問題にするのは、ただ「即今・此処・自己」のことだけである。それを「己事究明」というのである。だから、「可能性」というのは禅の話ではない、と。最近出た中村元博士の『仏教語大辞典』（東京書籍刊）では、①「仏の性質。仏としての本性。覚者（仏）となりうる可能性」という解とともに、②「禅門では、種子と見るよりも、仏そのものと見る。仏そのものである仏性を、本来のありのままのすがたで現わすことが修行（妙修）であると説く」と、はっきり補正してある。

僧はそうした禅的な意味の「仏性」が犬にもあるかと問うた。それに対して、趙州は「ない」と答えたというのである。なぜ「仏性」が問題にされたのか。

これは『涅槃経』という経典に、「一切衆生、悉有仏性」とある。すなわち、「すべての生きとし生けるものに仏性がある」というのによったものである。また中国の禅界で盛んに愛読された『円覚経《えんがくきょう》』には、「衆生本来成仏」とある。わが国の白隠禅師は、その『坐禅和讃』の冒頭に、これらを踏まえて「衆生本来仏なり」と歌い出している。

「一切衆生、悉有仏性」――生きとし生けるものすべてに仏性があると。これは大乗仏教の基本思想である。それなら当然、「犬にも仏性がありますか」と尋ねられたら、「ある」と答えるはずなのに、趙州は「ない」と言われた。それで僧は「一切衆生に仏性があるのに、犬にはなぜないのですか」と重ねて尋ねると、趙州は「彼に迷いの性《しょう》があるからだ」と答えた、というのである。衆生の本性は「仏性」であるが、それが「業識性」のために覆われて、なくなってしまっている、と。

しかし、これでは意味が通りすぎていて、「公案」にはならないというので、『無門関』では趙州が一言「無」と言ったところで、後の問答はカットしてしまった。そして、この「無」はあるとかないとかいう「無」ではない。そういう相対無ではなくて「絶対無」であるということにした。これが『無門関』の「趙州無字」の公案である。つまり『趙州録』の本来の「無」とは違って、それを「公案」として換骨奪胎して、後世の禅者たちが趙州の「無」の字を自由に違った意味で使ったのである。

　無門慧開は、五祖法演の六世の法孫に当たる。だから、彼の著『無門関』は、「五祖下の暗号密令」を編んだ公案集である。日本では、「宗門第一の書」と称される『碧巌録』と並んで有名な公案集であるが、本場の中国ではそれほど重要視されなかったようである。しかし、近代日本において、鈴木大拙や西田寸心、そして久松抱石らによって、「絶対無」という新しい造語とともに、「禅仏教」の思想が盛んに挙揚《こよう》されるようになって、その「東洋的無」の公案の出典として、宗教哲学の古典『無門関』の名は、一躍世界的に著名となった。英訳も何種類もあり、『碧巌録』よりもよく知られている。

　わが国の紀州由良《ゆら》の興国寺の開山の法燈国師《ほうとうこくし》心地《しんち》覚心《かくしん》禅師が中国に渡って、無門和尚の直弟子として学び、その法を嗣いで、この本を日本に持って帰って、由良の興国寺で木版に起こしたものが、今日に伝わったとされる。この興国寺の原版を柴山全慶《しばやまぜんけい》老師がご覧になったことがあると私に語られたが、現在はそれがどこにいったのか分からなくなってしまっている。その興国寺版を元にして、東京の郊外の八王子の広園寺《こうおんじ》で重版された。その木版が今日我々が使っている『無門関』の原本となっているのである。その第一則が「趙州無字」であり、あとの四十七則はその「無」字の公案の展開として編まれている。

4 「無字」の公案の重要性と功徳

こうして、「趙州無字」の公案は、公案禅に参ずる者にとって、最初に課せられる公案（初関）として重要視されることになった。そして、前述のように、『趙州録』の原典における意味とは違って、近代日本の禅仏教学にいわゆる「絶対無」（ないし「東洋的無」）を端的に体得させる公案として用いられている。

では、その大事な初関としての「無字」の公案の参じ方は如何というと、それが『無門関』で、初めに「公案」を挙げてその後に付けられている「評唱」と呼ばれる無門和尚のコメントに、実に見事に述べられている。それで、私たちはすでに言ったように、それをお経のように皆で唱和して、常にこの「評唱」に述べられたやり方によって、「無」字の公案に参じて行こうというのである。

以下、まず訓読でその本文を挙げ、次にその現代語訳を付して、それにまた私自身の若干のコメントを付けて読んでみようと思う。まず「無字」の公案参究の重要性を述べ、ついでこの公案の功徳をたたえて、その上で参究の実際の方法を説いている。

無門曰く、

参禅は須らく祖師の関を透るべし、妙悟は心路の絶することを窮めんことを要す。祖関透らず、心路絶せずんば、尽く是れ依《え》草附《そうふ》木《ぼく》の精霊《しょうりょう》ならん。

無門は評して言う――

禅に参ずるには祖師の関所を透らねばならぬ。妙悟を得るには心路が絶える（分別心を断ち切る）という経験を窮めねばならぬ。祖師の関所を透らず、心路が絶えないならば、それはすべて草や木によりつく精霊であろう。

「参禅」と言うと、現在では、禅の道場で師家に相見の礼を取って指導を受けるという意味に使うが、元の意味はそうではない。ただ〝禅に参ずる〟ということである。道元禅師は、「参禅」と「坐禅」の語を、まったく同じ使い方をしている。そこで、ここも元の意味で広く解して、「禅に参ずる」には、祖師の関所を透らなければならない。それが必要だ。禅に参じようとする人は、勝手な仕方で修行しては困る。それには祖師の定められた関所があるわけだから、必ずその関所を透らなければならない。「関所」というのは「公案」のことである。その第一が「無字」の公案である。

関所を透る――公案に参ずるのは、「悟り」を開くためである。「妙悟」すなわち〝言うに言われない悟り〟を体験するためには「心路が絶える」、すなわち〝心の働く路筋が絶える〟という経験を経なければならない。

「心の路筋が絶える」とは、〝自我の分別的な心の営みを断ち切る〟ということである。「自我」が分別の主体である。ふつうに勉強するときには分別知でしないといけないが、しかし、悟りを経験するためには、分別知でしてはいけない。いかに理路整然と、形式論理的に考えて、思想を整理して述べてみても、そんなものは分別知だ。分別知では、どうしても「悟り」には届かない。だから、「心路が絶える」〝分別的な心の営みを断ち切る〟ということが必要だというのである。と言っても、「心の路を窮め」ないといけない。「窮」というのは、〝穴の中に身が入って、その穴のどん詰まりまでぶつかる〟という字だから「心路」すなわち分別心を避けるのではなくて、その分別知を行くところまで行かしめて、それを「窮」めて、その上でその分別知を「絶」するのである。この後に述べる無門和尚の「無字」の公案の参じ方を、文字どおり正直に実行すれば、自然に「分別知」を

「窮」めて「絶」することができて、「大死一番、絶後に蘇る」経験をすることになるのである。そのときはじめて禅にいう「悟り」の経験が可能になるのである。

そうした祖師の関所を透らず、心路が絶しないならば、そんな人はみんな草や木によりつく精霊《しょうりょう》みたいな者だ。人間として生まれて、そんなことでよいはずはない。世間では「頭のよい人」と言われる「分別知の人」を無門和尚は「草木によりつく精霊」だというのである。「公案」とはそうした「分別知」を尽くして断ち切るための関所である。

且《しばら》く道《い》え、如何なるか是れ祖師の関。只《た》だ者《こ》の一箇の「無」の字、乃ち宗門の一関《いっかん》なり。遂に之れを目《なづ》けて「禅宗無門関」と曰う。

まあ諸君、言うてみよ。祖師の定められた関所とは何か。ただこの一箇の「無」の字、それが実は宗門の一関なのだ。そこでこれを「禅宗無門関」(「無」という門の関所、ない門の無い関所)というのである。

趙州和尚がただ「無」と言われたこの一字が、実は宗門の一つの関所なんだ。だから、禅に参ずるには、趙州和尚が「無」と言われたこの一字を参究しなければならない。これを「禅宗無門関」という。禅宗の「無」という関所である。関所には門がある。これは〝〈無〉という門の関所〟である。あるいは、〝門の無い関所〟である。どちらにも解釈することができる。「〈無〉という名の関所」と考えてもいいし、また「門の無い関所」だと考えてもいい。

透得過《とうとくか》する者は、但《た》だに親しく趙州に見ゆるのみにあらず、便ち歴代の祖師と手を把《と》って共に行き、眉毛《びもう》廝結《あい》んで同一眼《どういちげん》に見、同一耳《どういちに》に聞くべし。豈《あ》に慶快《けいかい》ならざらんや。

この関所を透りぬけることができた者は、ただ趙州和尚ひとりに親しく相見するだけでなく、歴代の祖師方と手を取ってともに行き、眉毛を交えて同一の眼でものを見、同一の耳でものを聞くことができる。なんと愉快ではないか。

この公案を透り抜けることができた者は、ただ親しく趙州和尚に相見するだけでなく、歴代の祖師方といっしょに手をとってともに行き、眉毛を交えるほど親しく同じ一つの眼で見、同じ一つの耳で聞くことができる。何と愉快なことではないか。――こう無門和尚は言うのである。こう言って、「無字」の公案を讃《ほ》めたたえているのである。「無字」の公案を透ったら、こんなにすばらしいぞ、と。

そこで、問題は、これから先のところである。当然、そんなすばらしい公案なら、自分もひとつ真剣に取り組んでみよう、と諸君は誰しも、きっとそう思われるであろう。そこで問題は、その「無字」の公案の〝実際の参じ方〟である。無門和尚は、以下の文でそれを具体的に親切丁寧に教えられる。

5 「無字」の公案の参じ方

透関せんと要《ほっ》する底《てい》あること莫しや。三百六十の骨節、八万四千の毫竅《ごうきょう》を将《も》って、通身に箇《こ》の疑団を起こして、箇の「無」の字に参じ、昼夜に提撕《ていぜい》せよ。


このすばらしい関所を透りたいと思う者はいないか。［いるなら］、三百六十の骨節と八万四千の毛穴でもって、全身で一箇の疑団（疑いの塊）になって、この一箇の「無」の字に参じ、昼も夜も一日中これを問題として提撕《ひっさ》げよ。

インドの昔の人たちは、人間の身体には、三百六十の骨節と、八万四千の毛穴があると考えていた。それで、「三百六十の骨節、八万四千の毫竅《ごうきょう》を将《も》って」というのは、次の「通身」にかかる修飾語で、要するに、「全身」ということである。全身で〝一箇の疑いの塊《かたまり》〟になれということである。頭で疑うだけだったら、ただの疑いであるが、「疑団」というのは、全身で「無」という〝疑いの団《かたまり》〟になれというのである。「無」とは何かと、全身一つの疑いの塊になって、一箇の「無」の字に参ぜよ。「参」というのは〝交わる〟という意である。そして「昼夜に提撕せよ」というのは、昼も夜も一日中寝ても起きても「無」の字を〝問題としてひっさげよ〟というのである。「提撕」というのは、二字とも〝ひっさげる〟の意で、問題として胸に保つことである。坐禅しているときだけ「無」というのではだめで、全身全霊で一箇の「疑いの団」になって、「無」の字に参じて、昼も夜もそれを問題としてひっさげるのである。ともかく集中と持続をともなった努力が大切である。

虚無《こむ》の会《え》を作《な》すこと莫かれ、有無《うむ》の会《え》を作《な》すこと莫かれ。

この「無」を虚無《きょむ》の無だと理解するな、有無の無だと理解するな。

「虚無の会」というのは、何もないという理解で、ニヒリズムのことである。「有無の会」というのは、〝ある〟に対する〝ない〟と理解する二元相対の見方、すなわちデュアリズムである。そこでこの公案にいう「無」は、〝有る〟に対する〝無い〟という二元論的な「相対無」ではなくて、「絶対無」だというのである。「絶対無」とか「東洋的無」とかいう概念は、近代日本で初めて言い出された言葉であるが、その思想内実そのものは、早くから存在したのである。

箇《こ》の熱鉄丸《ねってつがん》を呑了《どんりょう》するが如くに相似て、吐けども又た吐き出ださず、従前の悪知悪覚《あくちあっかく》を蕩尽し、久々《きゅうきゅう》に純熟《じゅんじゅく》して、自然《じねん》に内外《ないげ》打成一片《たじょういっぺん》なり。

一箇の熱い鉄の丸《たま》を呑んでしまったようで、吐こうとしても吐き出せず、これまでの悪知識や悪覚りを払い尽くして、長いあいだに純熟して、自然に内（主観）と外（客観）とが一つになる。

この「無」の公案に参じていくと、一箇の熱い鉄の丸を呑み込んでしまったようで、苦しいから吐こうと思っても吐き出せない。いっぺん問題としてひっさげたら、その問題が解決するまでは、胸に物がつかえたようで、吐き出そうとしても吐き出せない。そこで、がまんをして「無ーっ」と練り込んでいくと、これまでの悪い知識とか悪い覚りとかいうものはみんな払い尽くされてしまう。こうして久しいあいだ「無」「無」「無」と練り込んでいくと、その「無」になりきる心境が純熟して、自然に内（自己）と外（公案）とが一つになる。「久々に純熟して」ということが大切である。「無」字の参究ということは、一朝一夕にはいかない。「従前の悪知悪覚を蕩尽する」のには、いくらかの時間が必要である。そうすれば、自然に内と外、すなわち主観と客観とが一つになる。「内」というのは、「無ーっ、無ーっ」と念じている主観の側である。「外」というのは客観、まずはその「無」字の公案である。この「無」字の提撕《ていぜい》（「拈提《ねんてい》」ともいう）が、久しいあいだに「純熟」すると、やがては、一切の主観・客観が、「打成一片」の心境となる。「打」は「成」（に成る）という動詞の接頭辞で、単に何かに〝成りきる〟こと。「一片」とは、その〝何か〟すなわち〝一つ〟のこと、ここでは〝一箇の「無」の字〟である。「無」の公案に参ずるということは、まずは、この「打成一片」という心境に入ることが、何より大事である。「無」字の公案は、まずこの「打成一片」という境地を体験するための手段だと言ってよい。

　私たちは「私」という自我があるから、分別で、「自我」と「非我」すなわち〝自我でないもの〟とを分けてしまう。主客の二元対立の分別の世界である。「無」に〝なりきる〟というのは、「無我」になることである。〝分別の主体〟である「自我」がなくなることである。「坐禅」ということは、〝無我の実践行〟である。「公案」もまた〝無我の行〟である。「心路を絶せよ」というのは、〝心の分別を絶ち切れ〟ということで、その「分別」というのが、とりもなおさず「自我」の営みである。

大事なことなので繰り返し言うが――「自我」というのは、まず足が痛いという〝感覚の主体〟である。そして、〝言葉をしゃべる主体〟である。「言葉」というのは「分別」である。だから、頭のいい人は分別知の塊である。分別知は、学問の世界では優れているが、修行の上では逆にそれが邪魔になることがある。それで、頭のいい人ほど初めの公案が透りにくいこともある。ある意味で、馬鹿正直な人は「無」になりきれと言われたら、言われたとおりに、真剣に「無」になりきっていく。それだけ早い。大学で勉強をするばあいは、馬鹿では困るが、公案の修行は馬鹿正直になってやっていくほうが早い。頭で考えるのは分別である。だから、分別というものを断ち切れ、「心路を絶せよ」というのである。「心路」というのが「分別」の〝自我の営み〟だからである。その自我を「空」じて、「無我」になると、内（主観）と外（客観）とが一つになる。ただ「無ーっ」という、「無」字一つになる、公案だけになる。

坐禅をしているとき、外から音がしてくると、その音が邪魔になる。そこで、「無ーっ」と、それを「空」ずる。そうして「公案」を拈提していくうちに、〝身心統一の力〟すなわち「定力《じょうりき》」がついてくると、音をはじめとする「外」の環境が消えてしまう。外の客観から来る、すべての感覚が「無」になってしまう。すると、今度はさまざまな内の妄想が生じてくる。それをまた、「無ーっ」と、「無」の公案を日本刀一振りだと考えて、百万の妄想の中に斬り込んでいくのである。妄想が出てきたら、「無ーっ」と斬り込んでいく。煩悩が出てきたら、「無ーっ」と斬り込んでいく。そうやって、初めのうちは、〝妄想〟と〝無字の公案〟と、いたちごっこになって、互いに争っていくが、しまいには、妄想の根が切れて、それこそその心境が「久々に純熟」すると、「自然《じねん》に内外《ないげ》打成《たじょう》一片《いっぺん》」になる。天地一枚の「無」という、澄みきった心境になる。そこにはもう、ふつうにいう〝感覚の主体〟という「自我」はない。「無」が「無我」の心境が、いや〝心境〟とも言えない、何とも言えない、〝言語〟も〝分別〟も届かない、澄みきった「純一無雑《むぞう》」の世界に出る。

驀然《まくねん》として打発《たはつ》せば、天を驚かし地を動じて、唖子《あし》の夢を見るが如く、只だ自知することを許す。関将軍《かんしょうぐん》の大刀を奪い得て手に入るるが如く、仏に逢うては仏を殺し、祖に逢うては祖を殺し、生死岸頭《しょうじがんとう》に於て大自在を得、六道四生《ろくどうししょう》の中に向《おい》て、遊戯三昧《ゆげざんまい》ならん。

いきなりその「無」が爆発すると、天を驚かし地を動かして、その境地は、唖子が夢を見たようで、ただ自分だけが分かっていて、他人には語れないようなものだ。関将軍の大刀を奪い得て手に入れたようで、仏に逢えば仏を殺し、祖師に逢えば祖師を殺し、生死の岸頭で大自在を得、六道四生の迷いの世界の中で遊戯三昧であろう。

この私の訓読は、順序が『無門関』の原文とは少し違う。と言うのは、「唖子の夢を得るが如く、只だ自知することを許す」という一文は、本節の初めの「驀然として打発せば、天を驚かし地を動じて」の直前にあるのを、その原文をあえて、本節の太字の文章のように訂正して読むことにしたものである。これは故柴山全慶老師の高見に従ったものである。このほうが禅における見性経験の心理的プロセスにふさわしいからである。

上述のように、「無」の公案に参じて、天地一枚の「無」になりきって、「打成一片」の境地に出ると、その「無」が、いきなり爆発して、「驀然《まくねん》として打発《たはつ》する」という不思議な経験が起こってくる。そのとき、驚天動地の霊性的直覚《れいせいてきちょっかく》の体験をする。そこは、ちょうど唖子《あし》（言葉のしゃべれない者）が夢を見たようで何も言えないが、自分でははっきり分かっているようで、その境地は他人には伝えられないが自分だけは知っている。そして、また関将軍の大刀が手に入ったようで、「仏に逢えば仏を殺し、祖に逢えば祖を殺し」という境涯で、仏が出てこようが、祖師が出てこようが、「天上天下、唯我独尊」の心境である。そうなると、「生死岸頭に於て大自在を得」て、「六道四生の中で、遊戯三昧」である。迷いの世界の中で、まるで公園に遊んでいるような心境である。「六道」は、〝地獄・餓鬼・畜生・修羅・人間・天上〟の〝六つの迷いの世界〟で、「四生」は〝胎・卵・湿・化の四つの生まれ方〟をする〝迷いの衆生〟のことである。要するに、迷いの生死、すなわち輪廻の苦界の中にいて、〝遊び三昧〟の心境で生きられる、というのである。すなわち、禅道仏教者の極意である「自由」の境涯が手に入るというのである。

且《しばら》く作麽生《そもさん》か提撕《ていぜい》せん。平生《へいぜい》の気力を尽くして、箇《こ》の「無」の字を挙《こ》せよ。若《も》し間断《けんだん》せずんば、好《はなは》だ法燭《ほうしょく》の一点すれば便ち著《つ》くに似ん。

まあ、どのようにして問題として提撕《ひっさ》げるか。平生の気力の限りを尽くして、一箇の「無」の字を取りあげよ。もし間断《きれめ》がなかったら、法の燭火《ともしび》が火をつければすぐにぱっとつくのにそっくりだ、「はっと悟れるにきまっている」。

では、そのすばらしい「無」字の公案を、どのように問題としてひっさげるか。それは、ふだんの気力をあるだけ出し尽くして、この「無」の字を拈提《ねんてい》せよ。もし切れ目なく「無ーっ、無ーっ」と練り込んでいけば、ちょうど仏壇の燭火《ともしび》が火を点《つ》けると、ぱっとつくように、あるときはっと悟れるぞ、というのである。仏祖の定めた修行法のとおりに、気力を尽くして——この「気」の力ということに留意してほしい——間断なく練り鍛えて努めていけば、きっとはっと悟れる、というのである。

頌《じゅ》に曰《いわ》く、
狗子《くし》の仏性、全提正令《ぜんていしょうれい》。纔《わず》かに有無《うむ》に渉《わた》るや、喪身失命《そうしんしつみょう》せん。

頌《うた》っていう——
狗子《くし》の仏性、仏陀の正しい命令を全体取り出した。有無《うむ》の二見《にけん》にわたるとただちに身命《いのち》がないぞ。

そこで、無門和尚の頌（宗教詩）——
「犬の仏性」という問題、それで「仏陀の正しい命令」を全体そっくり提起した。ここで、あるとかないとかいう、二元相対の分別の二見にわたると、すぐに命がなくなるぞ、と。

これで、無門和尚の「評唱」と「頌」は、おしまいである。まず初めに「無」字の公案の重要性と功徳を述べて、次にその「無」字の公案の実際の参じ方を述べてある。こうして、本文のいちおうの理解ができたら、後は、この『禅宗無門関』第一則「趙州無字」の公案の全体を、訓読でお経を読むように読んで、そのとおりに実行していくのである。そうすると、まず「打成一片」という境地に入る。そして「無」の公案一つになりきると、その「無」が「驀然打発」して、「悟り」が開ける、すなわち「見性成仏」である。

三 「悟り経験」とは何か

1 「見性」経験とは

以上のように、「無字の公案」に参じて、公案の透過を師家に許されると、「見性」したという。「無字」の公案の透過と言ったが、正しくは「初関」すなわち〝最初の公案〟が透ったということで、その公案が必ずしも「無字」の公案とは限らない。すなわち今日の白隠下の修行では、「初関」の透過を「見性」と言いならわしているのである。

そもそも「見性」とは、どういうことか。たとえば、今日我々の言う「禅宗」の最初の古典とも言うべき『六祖壇経』などに見える「見性」の語は、〝心眼を開いて仏性を徹見すること〟すなわち「悟り」そのもののことである。「仏性」は「自性《じしょう》」ともいう。すなわち大乗仏教の基本思想でもある「一切衆生、悉有仏性」によって、「仏性」を「自性」すなわち〝自己の本性〟と見るのである。そこで、そうした「本来の自己」に目覚めることを「悟り」と言うから、「悟り」のことをまた「見性」とも言うのである。

「仏教」は、言うまでもなく〝仏の説いた教え〟であり、同時にまた〝我々めいめいが仏に成る教え〟である。そこで、「見性」すなわち〝本来の自己の自覚〟こそが、仏教の根本命題である。教主釈尊その人は、菩提樹下《ぼだいじゅげ》で深い禅定に入っていたときに、暁の明星を一見して悟ったという。以来、仏教徒は、釈尊に倣って自ら「見性成仏」することに努めてきた。禅道仏法は、数ある宗派の中でも、ただひたすら教主釈尊の「悟り」に倣おうとする最も釈尊に直結した仏法である。

そこで、禅宗では、口を開けば「悟り」と言い、「見性」と言う。

古来、そうした「悟り」経験の例としてよく挙げられる話に、「聞声《もんしょう》悟道、見色明心《けんじきみょうしん》」

の話がある。

潙山《いさん》和尚は、師匠百丈からの譲り弟子である若い香厳《きょうげん》が仏法の器《うつわ》であることを知って、何とかして悟らせたいと思った。そこで、ある日、彼を呼んで言った、「私は君が平生《へいぜい》体得したもの、書物で学んだものは問わない。君がまだ母親の体内を出ず、まだ東も西も分からぬときの本来の君自身について試みに一句言ってみよ。君の見解が意に契《かな》ったら、私は君を印可しよう」。香厳は呆然として答えることができなかった。沈吟久しくして数語を述べて見解《けんげ》を呈したが、潙山は許さなかった。香厳は言った、「老師、私のために説いてください」。潙山は言った、「私が説くことのできるものは、私の見解だ。君の悟りに何の役に立とう」。香厳は泣く泣く潙山を辞した。

南陽に来て、慧忠《えちゅう》国師の遺跡に留まった。ある日、山中で草木を刈り除いていて、小石が竹に当たって、音がしたのを聞いて、からりと悟った。そこで思わず笑い出した。ただちに水浴をして身を清め、香を焚いてはるかに潙山を臨んで礼拝して言った、「老師の恩は父母の恩にも勝る。あのとき私のために説いていただいていたら、今日のこの悟りの喜びは体験できなかったろう」。

また霊雲和尚は、行脚の途中で、村里の桃の花を見て悟りを開いた。そのときの悟りの詩。「みそじあまりも剣客求め／いくたび葉落ち枝抽《めば》えしか／里の桃花を一目見て／今の今までつゆ疑わず」。

「見色明心」とは、霊雲のように、「色《しき》」すなわち〝目の対象界〟、ここでは桃花を見て「本心」（仏性）を明らかにする意であり、「聞声悟道」とは、香厳のように、〝耳の対象界〟である音声を聞いて「道」（自性）を悟ることである。鈴木大拙先生は、「人はみな禅に生き（living in Zen）ていながら、禅によってそれを自覚して生き（living by Zen）ていない」と言われた。見るところ聞くところに「一無位の真人《しんにん》」（仏性・自性）は活き活きとして働いているのだが、自我の分別妄想に心眼を曇らされた我々衆生は、そうした「真人」を見失って、すなわち「本来の自己」である「真人」（仏）を見失っているから、従って「真如」を見ることができず、聞くことができないのである。そこで臨済禅師は、「君たちの身体に、一無位の真人（無相の自己）がいる。まだそうした自己を自覚しない者は、心眼を開いて見よ、見よ」と言った。「見る」、この経験が「悟り」である。ここに宗教の極意がある。

2 〝古則〟としての「公案」

唐代禅匠の有名な古則を一つ二つ拾ってみる。
先に述べた趙州の師匠を南泉禅師と言った。わが国の古人たちは、この師弟の宗風を慕って、「南趙宗《なんじょうしゅう》」と呼んだりした。

南泉和尚は、あるとき東堂と西堂の雲水たちが猫について争っていたので、その猫を摑みあげて言った、

「お前たちが、［悟りについて］何か一句言うことができたら、この猫を助けよう。言うことができぬなら、ただちに斬り殺すぞ」

雲水たちは何も答えなかった。その結果、南泉は猫を斬った。

その晩に、高弟の趙州が外から帰ってきた。南泉は趙州に先の話をした。そこで趙州は履《くつ》を頭の上にのせて出て行った。南泉は言った、

「もしあんたがいたら、あの猫を救うことができたのに」

臨済宗の古いお寺を訪ねると、大きな床の間に三幅対の掛け軸が掛けてあるのに出会うことがある。真中に達磨大師、左右に臨済和尚が喝を吐いているのと徳山和尚が棒を横たえて構えている図である。これを「磨・徳・臨」と言うのだと教えられる。最近では、こんなお寺も少なくなって、「磨・徳・臨」などという語も耳にすることが少なくなった。ともあれ臨済宗では、中国以来、禅宗の初祖達磨大師とともに「臨済の喝、徳山の棒」と言って、もてはやされてきた。その徳山禅師の晩年の話。

徳山和尚は、ある日、持鉢《じはつ》を捧げて、食堂《じきどう》へ出てきた。そして弟子の雪峰に、

「この老漢、まだ合図の鐘も太鼓もならんのに、持鉢を持ってどこへ行かれるのです」

と問われて、そのまますっと居間に帰って行かれた。

雪峰はこのことを兄弟子の巌頭《がんとう》に話した。巌頭は言った、

「徳山老師ともあろうお方が、まだ〈末後《まつご》の句〉がお分かりでない」

徳山はこれを聞いて、侍者に巌頭を呼んでこさせて、尋ねた、

「お前はこの老僧《わし》を肯《うけが》わないのか」

巌頭は何やら密かに徳山に申し上げた。そこで、徳山は文句を言うのをやめた。

その翌日、講座に上ぼった徳山は、はたしていつもとは違っていた。巌頭は僧堂の前に来て、手を打って大笑いして言った、

「まあうれしいことに、徳山老漢にも〈末後の句〉がお分かりいただけた。今後は、天下の人も、あのお方をどうすることもできまい」


南泉が猫を斬った話は仏教徒である禅僧が殺生《せっしょう》をしたというので、西洋人にはきわめて評判が悪い。確かに殺生は教主釈尊の禁ずるところである。その点については、南泉といえども破戒の罪は免れない。しかし、この話を公案として見るならば、この公案の眼目は

そんなところにあるのではなくて、南泉の一刀で両断に斬却されたのは何物かという問題である。南泉の一刀の真の対象は、ほかならぬ我々自身の妄想分別、すなわち「自我」の根を断ち切ることにあった。

「死んで生きるが禅の道」である。キリストとともに十字架に付けられて自我《エゴ》に死んでこそ、キリストとともに復活する真の自己《セルフ》が、すなわち「内なるキリスト」がクリスチャンの〝真実の自己〟として生きてくるのである。

そう見てくれば、趙州が草鞋を頭に載せた意図は何か、ということも、分かってくる。

ある人は、下にはく履を頭に載せたのだから、「下座行《げざぎょう》」(下座《しもざ》に下がって、すなわち「仏」の座から降りて「菩薩」として人々のために働くこと)を意味すると言われるが、禅の公案の解釈としては、少々分別的に解釈しすぎた嫌いがある。趙州はただ「死んで生きるが禅の道」とばかり、南泉の殺した猫を生き返らせて、「即今《いま》・此処《ここ》・自己」として働いてみせただけであろう。それは下座行などと意識するひまもない無心の働きであった。

では、徳山の話はどうか。

老僧徳山は、飯どきになったので、持鉢を持って食堂に出てきた。台所主任の弟子の雪峰に、「合図の鐘も太鼓も鳴らんのに、持鉢を持ってどこへ行かれるのです」と詰問されて、黙ってすっと居間に帰った。

これでは、まるで弟子にやりこめられてすごすご引っこんだようである。雪峰はこのことを兄弟子の巌頭に得意気に話した。巌頭は言った、「徳山老師ともあろうお方が、まだ〈末後の句〉がお分かりでない」。

ここから公案は、「末後の句」をめぐっての展開となる。それはここにはさて置いて、飯どきに持鉢を捧げて食堂に出て来た徳山に、そして弟子に叱られて黙って引っこんで行った徳山に、老禅匠の無心の働きを拝んで、わが白隠下の室内では、「初めは芳草に随って来たり、又た落花を逐うて回《かえ》る」という語で、その至り得た禅の心境を鑑賞してきた。これがこの古則を「公案」として味わった、わが日本臨済禅の伝統の見方である。

3 「悟り」経験の心理的プロセス

ここに、きわめて興味深い話がある。それは『臨済録』の次のような一節である——

定《じょう》上座という者あり、到り参じて問う、「如何なるか是れ仏法の大意」。師、縄《じょう》床《しょう》を下だり、擒住《きんじゅう》して一掌を与えて、便ち托す。定佇立《ちょりゅう》す。傍らの僧云く、「定上座、何ぞ礼拝せざる」。定、礼拝するに方《あた》って、忽然《こつねん》として大悟す。

定上座という者がきて、臨済に参じて尋ねた、「仏法の真髄とは、どんなものですか」。師は坐禅の椅子を下りて、胸ぐらをぎゅっとひっつかみ、ぴしゃりと平手打ちをくらわせると、いきなり突き離した。定上座は呆然として突っ立っていた。そばにいた僧が言った、「定上座、［師のお示しを受けて］、なぜ礼拝しないのか」。言われて定上座は、礼拝したが、そのとたんにはっと大悟した。

ここに述べた定上座の悟り経験は、我々に「見性経験」の心理的プロセスの分析に見事な一つの範例を教えてくれる。定上座が禅匠臨済を訪ねて、仏法の真髄を問うと、臨済は坐っていた椅子を下りて、上座の胸ぐらをひっつかんで平手打ちをくらわせ、いきなり突き放した。臨済の激しい作略《さりゃく》に会って、定上座は、「佇立した」、呆然として突っ立っていた。それは先に見た「趙州無字」の公案に対する無門和尚の「評唱」の言葉を使えば、「打成一片」の境地である。定上座は、多年の修行の功が積もって、ここで純一無雑の「無我」の心境に入ったのである。しかし、それはいかに純一無雑の無我の境地といえども、まだこれだけでは「悟り」の前段階ではあっても、断じて「悟り」そのものではない。なぜなら、「悟り」は、〝自覚〟であり、すなわち〝［本来の自己の］目覚め〟でなければならないからである。幸いに、その間の消息に通じている先輩の僧が傍らにいて、「定上座。師のお示しを受けて、なぜ礼拝しませぬか」と注意した。

定上座は、思わず言われたとおり礼拝した。その自己の身体的な感覚の動きを縁にして、無門和尚のいわゆる「驀然打発《まくねんたはつ》」という直覚経験に出た。上座は、大悟したのである。

定上座は、「禅定」の無我の境に入っていた。その「三昧」の境を表現して、「佇立」と言ったのである。

その深い〝禅定〟が何らかの〝感覚〟の縁に触れて、その〝無相定〟が〝爆発〟する、そこで「悟り」経験に出たのである。

無門和尚は、これを、「打成一片」(禅定・三昧)と「驀然打発」(智慧・般若)として、悟りの心理的プロセスを分析したのである。こうした唐時代の天分豊かな禅者たちの「悟り」への心理的プロセスを、宋代の禅匠たちが弟子教育の手段として自覚的に意識して使ったのが、「公案禅」の見性法である。なかんずく無門和尚のいわゆる「打成一片―驀然打発」という「二段階的見性法」(秋月命名)は、その最も効果的な「悟り」への教育法であった(それには長所とともに短所があるけれども……)。

4 白隠禅師の「見性」経験の解説

以下に、参考のためにわが白隠禅師の「仮名法語」の中から、無門和尚の先の「打成一片」（「大疑現前」とも言う）、「驀然打発」（鈴木大拙の言う「霊性的直覚」）の語に相応する文章を、思いつくままに二、三、引用して念のために現代語で意訳してみる。

工夫とは、自己本音の有様を指すことなりと覚悟これあるべし。生死《しょうじ》の大事を透《とう》脱《だつ》し、仏祖の正眼《しょうげん》を瞎却《かつきゃく》する底《てい》の真実見性の正修《しょうしゅ》にて侍《はべ》れば、なかなか容易のことにし侍らず。ただ肝腎は動静《どうじょう》二境の間、逆順縦横の上において、純一無《じゅんいつむ》雑打《ぞうた》成一《じょういっ》片《ぺん》の真理現前して、千人万人の中にあっても、万里の広野に独立したる心地あって、かの龐《ほう》老がいわゆる双耳《そうに》聾《ろう》の如く、眼盲《げんもう》の如くなる境界《きょうがい》は、時々《じじ》にこれあるべし。これを真正《しんしょう》大疑《だいぎ》現前底《げんぜんてい》の時節と申すことに侍り。このとき、退かず勤め進み給わば、氷盤《ひょうばん》を擲摧《てきさい》するが如く、玉楼を推倒《すいとう》するに似て、四十年来未だ曾《か》つて見ず、未だ曾つて聞かざる底の大歓喜あらん。

工夫とは、自己の本来具有のありさまを自覚することだ、と覚悟なさい。生死の大事を透脱し、仏祖の正眼をつぶすほどの、真実の見性の正修なのだから、なかなか容易のことではない。ただ肝腎なことは、動中と静《じょう》中の二境のあいだ、順逆縦横の上で、純一無雑、「打成一片」の真理が現前して、千人万人の中にあっても、万里の広野にただ独り立っている心境があって、あの龐居士《ほうこじ》のいわゆる「双耳は聾のごとく、眼《げん》は盲《もう》のごとき」境涯が、ときどき出現する。これを、真正の「大疑現前」の時節というのである。このとき、退かずに勤め進むならば、氷の盥《たらい》を打ち砕き、玉で飾った高層建築の御殿を推し倒すように、四十年未だかつて見ず、いまだかつて聞いたことのないような大歓喜が生ずるであろう。

忽然《こつねん》として話頭《わとう》に和して身心《しんじん》ともに打失《たしつ》す。これ嶮崖《けんがい》に手を撒《さつ》する底《てい》の時節という。豁然《かつねん》として蘇息《そそく》し来たれば、水を飲んで冷暖自知する底《てい》の大歓喜あらん。これを往生と名づけ、見性という。ただ肝要は、この専念の扶《たす》けによりて、是非是非一回自性《じしょう》の本源に徹底すべきぞと励み進み給うべし。

思わず公案と一つになって、身も心もなくなってしまう。これを「嶮《けわ》しい崖《がけ》で何かを摑《つか》んでいた手を放つ時節」というのである。そうしていったん死んでからりとよみがえれば、水を飲んで冷たいか暖かいかを自分ではっきり分かるような大歓喜があるだろう。これを、往生と名づけ、見性というのである。ただ肝要なことは、この専〔唱〕念〔仏〕に助けられて、ぜひぜひ一回、自性の本源に徹底すべきぞと精進することである。

もし人大疑現前するとき、ただ四面空蕩々地《くうとうとうじ》、虚豁々地《こかつかつじ》にして、生にあらず死にあらず、万里の層氷裏《そうひょうり》にあるが如く、瑠璃瓶裏《るりへいり》に坐するに似て、分外《ぶんげ》に清涼《しょうりょう》に、分外に皎潔《こうけつ》なり。癡々呆々《ちちほうほう》坐して起《た》つことを忘れ、起って坐することを忘る。胸中一点の情念なくして、ただ一箇の無の字のみあり。恰《あたか》も長空に立つがごとし。このとき恐怖《くふ》を生ぜず、了智を添えず、一気に進んで退かずんば、忽然《こつねん》として氷盤《ひょうばん》を擲摧《てきさい》するが如く、玉楼を推倒するに似て、四十年来未だ曾つて見ず、未だ曾つて聞かざる底《てい》の大歓喜あらん。このときに当たって生死《しょうじ》・涅槃《ねはん》なお昨夢の如し。三千世界海中の漚《おう》、一切の賢聖《けんしょう》電払《でんぽつ》の如し。これを大徹妙悟㘞地《かじ》一下《いちげ》の時節という。伝うることを得ず、説くことを得ず。恰も水を飲んで冷暖自知するがごとけん(『遠羅天釜《おらてがま》』)。

人がもし「大疑現前」するときは、ただ四面何一つなくひろびろとして、むなしくからりと開けて、生でもなく死でもなく、万里の厚い氷の中にいるようで、美しい瑠璃(青色の宝石)の瓶の中に坐っているようで、ことのほかに清涼《しょうりょう》に、ことのほかに皎潔《こうけつ》である。まるで馬鹿のように、坐って起《た》つことを忘れ、起って坐ることを忘れてしまう。胸中一点の妄想煩悩もなく、ただ一箇の「無」の字があるだけである。ちょうど大空の中に立っているようである。このとき恐怖心を起こさず、分別を加えず、一気に進んで退かぬならば、思わず氷の盥《たらい》を投げ出して打ち砕き、玉で飾った高層建築を推し倒すように、四十年来いまだかつて見たこともなく、いまだかつて聞いたこともない大きな喜びを味わうであろう。このときには、迷いの生《しょう》死《じ》も悟りの涅槃も、過ぎさった夢のようである。

三千世界は海中の漚《あわ》で、すべての賢者聖人も、いなびかりのように空しい。これを大徹妙悟、霊聖的直覚の時節という。この境地は他人に伝えることができず、説明することができない。ちょうど水を飲んで冷たいか暖かいかをただ自分で知るようなものである。

私は、日本臨済禅への導きを述べて、皆さんが禅会や道場を訪ねて、師家について修行を始めて、「公案禅」の初関が透るところまで語った。白隠下の公案には、すでに述べたように、公案に教育体系がある。皆さんはさらに進んで、その「公案体系」を一つ一つ透過して修行を続けていかれるであろう。その公案体系の見透しとしては、先に述べた「白隠下の公案禅（三）――公案体系――」（本書Ⅱの十二）を参照されたい。今回はいちおうここでペンを置くことにしたい。なお、次の小著を参照していただけたら幸甚である。

一、秋月龍珉著『公案――実践的禅入門――』（ちくま文庫、のちにちくま学芸文庫）

二、同『白隠禅師』(講談社現代新書、のちに河出文庫)

四　あるキリスト教神学者の問い

1　超越のない悟り経験はない

ジョン・ヒック教授が日本に再遊された。一昨年日本に初めて来られたとき、八木誠一博士の紹介で一夕語ったが、今回もわずか数日の滞在日程の中で、また一夕話をした。教授はイギリスの方だが、今はアメリカの大学で、仏教との思想的な対話を通じて、キリスト教の新しい神学を形成しようと努めている貴重な学者である。前もって一つの質問を寄せられていたが、逢うなり次のような話題を提出された。

「悟り経験」というものは、「超越」なしで、〝人間性の枠内〟でも生じ得るものかどうか、と。実は、今回の日本訪問は、三鷹市でのある国際会議に出席するためであるというが、教授の二つの著書、『神は多くの名をもつ』(岩波書店刊)、『もうひとつのキリスト教』(日本基督教団出版局刊)の邦訳をされた間瀬啓允教授の縁で、その日の午後に慶応大学で講演をされた。そのときのテーマに関わる問いであったらしい。その講演で、ヒック教授は、宗教を理解するのには、キリスト教・マホメット教・ヒンドゥ教のような「人間を超越した実在《リアリティ》」を認めるものと、そうした実在をもたぬ「超越なしの人間性の枠内」であるものとの二つがあるように思う。後者は近代科学以降の思考法である。日本の宗教ないし宗教理解は後者であるのではないか、というような「問いかけ」をされたらしい。もし、「悟り経験」というものが、「超越なし」にでも、「人間性の枠内」で生じ得るものなら、無神論者にも唯物主義にも、それは可能だということになるのか、という考え方であった。

私は答えた。——今日の仏教者が、哲学的な思索において怠惰で訓練がないために、あなた方にそうした誤解を招くような発言をする弊のあることを、私自身よく知っている。だが、結論としてははっきり言うが、「超越なし」の「人間性の枠内」だけの「悟り経験」などない。私は、『聖書』のイエス・キリストとともに、ここにはっきり言う、「エゴー・エイミイ・ウーク・エク・トゥ・コスムー」(アイ・アム・ノット・フロム・ディス・ワールド。私はこの世から〔来た〕ものではない)と。悟った者は、必ずこの世を超越している。

私の友人で、私が最も信頼する禅の学者に柳田聖山教授がいる。京大人文科学研究所の前所長で、花園大学の教授である。彼は言う、「〔臨済は〕一人の人間の絶対無条件的な価値を、高らかに讃えた。……それは近代におけるヒューマニズムの精神とか、デモクラシーの立場とかに当たるものである」と。私はこの柳田説に真っ向から反対である。

臨済の説く「一無位の真人《しんにん》」の思想は、ヨーロッパ近代の「ヒューマニズム」とか、民主主義の根底にある「基本的人権」の思想とは、根底を異にするものである、と思うからである。そうは言っても、近代ヒューマニズムは、遠くカトリシズムの、そして近くはプロテスタンチズムの深い影響を受けたものであることを考えると、その根底に、〝人間レベル〟を超えた「超越」があったことは確かであるが、しかし少なくとも日本の近代人は、そうしたキリスト教の根底を落として「近代ヒューマニズム」を捉えている者が多い。そして、それはまた「科学主義」万能の欧米の近代人の思考そのものでもあろう。そうした現状を考えるとき、仏教は、本来、「無神・無霊魂説」だと言っても、それは仏教が「人間性の枠内」の宗教だということでは、けっしてない。重ねて言う、「超越」なしの人間性の枠内だけの「悟り経験」など断じてあり得ない。

こう言ったら、ヒック教授は深くうなずいて、それなら自分が禅仏教に抱いた一つの疑問は消えたというようすであった。しかし、教授はただちに切り返して質問してきた。「それなら、秋月老師にとって〈超越〉とは何か」と。

私は答えた、――それは二つある。一つは、マイステル・エックハルトの〈ゴットハイト〉(神性)である。禅者である私にはもう〈ゴット〉(神)はない。しかし、私は、エックハルトのいう〈ゴットハイト〉は、私たちのいう〈絶対無〉と同じものを違った名で呼んでいるものだと思う。そして、今一つは、『ガラテア書』の中で、イエス・キリストが「もう私は生きているのではない。キリストが私の内で生きている」と言っている。パウロのいう〈内なるキリスト〉というのは、パウロにとっての〝真の主体〟であろう。そうでなければ、パウロは〈覚者〉（仏陀）ではなく、〈キリスト憑《つ》き〉、ないし〈神がかり〉になってしまうから。そう解すれば、あのパウロの言葉は、禅の真人《しんにん》久松抱石先生のいう〈絶対主体〉道と同じことだと思う。パウロは言う、「キリストとともに十字架につけられて、キリストとともに復活する」と。私の恩師鈴木大拙先生は、よく言った、「〈復活〉のない宗教はない」と。禅者は、「死んで生きるが禅の道」と言う。〈死・復活〉こそ、宗教の生命である。〈超越〉のない宗教などあり得ない。

「悟り経験」のことを、初期仏教の経典では「法《ダンマ》が露わになる」と言う。このばあいの〈法〉（ダンマ・ダルマ）は〈法燈明〉の〈法〉で、同時に〈自燈明〉の〈自〉でもある。ここにいう〈法〉とは、久松抱石のいう〈無相の自己〉（フォルムレス・セルフ）である。では、〈法〉（真如＝無相の自己）は、いつ露わになるか。それは、〈自我《エゴ》〉が、空じられて、〈無我〉が現じたときである。「死・復活」である。私はこれを〈超越〉経験と言うのである。ふたたびエックハルトの言葉を引用するなら、「私が無になればなるだけ、そこを神が来たって満たす」ということである。わが西田哲学では、これを「場所の論理学」の焦点をなす「逆対応の論理」と言う。大拙のいわゆる「即非の論理」、すなわち「即非弁証法」（否定を媒介としての肯定）である。

こうした私の発言にも、ヒック教授は、うなずいて納得してくれた。私たちは、おたがいに、一つの一致点、いわばキリスト教と仏教との「宗教としての共通の根拠」を見出せたようだ。これはけっして私の独りよがりではないと思う。

2　仏性（法身）は世界とともに壊れるか

こうして、私たちの対話は、もう一つの問題、教授が前もって私に寄せていた質問へと進んでいった。それは「仏性ないし法身《ほっしん》は、世界が造られた前にも、世界がなくなった後にも存在するのかどうか」という問いであった。

教授は無造作に「仏性《ブッダター》」とか「法身《ダルマ・カーヤ》」という言葉を使う。仏教に対する素養である。「仏性」というのは、〝仏陀としての本性〟である。〝仏になり得る可能性〟の意ではない。

「法身」というのは、仏の「色身《しきしん》」（肉体）に対していう語である。禅の公案に次のような話がある。

ある僧が大龍和尚に尋ねた、「色身は敗れて壊れます。堅固な法身とは、どんなものですか」。大龍は答えた、「山の花が開いて錦のようだ。澗《たに》の水が湛えて藍のようだ」（『碧巌録』第八二則）。

「色身」というのは〝肉体〟のこと。これは〝生滅する身体〟である。それに対して「法身」は、「仏陀は法を身となす」と言われるように、〝不生不滅の存在〟であり、〝悟りの身体〟である。〝無相の自己の身体〟であり、かねて〝宇宙の真実在〟である。

そこで、「仏性ないし法身は、世界の前にもあったか、世界の後にも存在するか」という問いは、恐らく、キリスト教においては、神は造物主《つくりぬし》であり、世界や人間は被造物《つくられたもの》である、だから神と世界・人間とのあいだは「不可逆」であって、けっして「可逆」ではない、という考え方に基づくもので、その点、禅仏教はどうなのか、ということであろう。

この質問を私に伝えた八木教授は、「こうした問いに対して、仏教の人はよく『世界とともになくなる』と答えられることが多いが、この点、秋月老師はどうなのか、とヒック教授は訊いている。法身が世界とともになくなるなら、可逆であって、不可逆ではない、という問題にからんでの問いでしょう」とコメントを付けた。

私はヒック教授に答えた。――ここに、二人の禅者の言葉がある、まずそれを紹介する。

趙州《じょうしゅう》云く、「未だ世界あらざるに、早《すで》に此の性《しょう》あり、世界壊《え》するとき、この性壊《え》せず」

（『趙州録』第二〇九章）。

中国唐代の趙州和尚は言った、「まだ世界が存在しないのに、すでにこの性（仏性・法身）はあった、世界が壊れて存在しなくなっても、この性は壊れない」。

僧、大隋《だいずい》和尚に問う、「劫火《ごうか》洞然《とうねん》として、大千倶《とも》に壊す。未審《そも》、這箇《しゃこ》壊するか壊せざるか」。隋云く、「壊す」。僧云く、「恁麽《いんも》ならば、他に随って去るや」。隋云く、「他に随い去る」（『碧巌録』第二九則）。

同じく中国の大隋和尚に、ある僧が尋ねた、「世の終わりに劫《ごう》の火が盛んに燃えて、大千世界がいずれも壊れるとき、いったいこのものは壊れるのですか、壊れないのですか」。大隋は答えた、「壊れる」。僧は言った、「そんなら、このものも世界に随って壊れてしまうのですか」。大隋は答えた、「壊れてしまう」。

仏教では、世界について、「成《じょう》・住・壊《え》・空」の「四劫」ということを言う。「劫」は梵語「カルパ」（劫波）の音写語で、〝無限の長時〟と訳される。一つの世界は、成（成立）

って、しばらく住《とど》（停留）まって、壊（破壊）れて、しまいに空（空無）に帰する、というのである。

その世界終末の「壊劫《えごう》」の時代に、劫の火が洞然と盛んに燃えて、大千世界が壊れるとき、這箇《しやこ》（このもの＝仏性・法身）は壊れるのか壊れないのか、と問われて大隋和尚は「壊れる」と断言した。しかし、仏性は永遠不滅だ、法身は常住だ、と考えている僧は、不審そうに、「そんなら、這箇《このもの》も世界に随って壊れるというのですか」、と再問して念を押した。すると、大隋和尚は、「そうだ、世界といっしょに壊れて無くなってしまう」と答えた、というのである。

以上の二つの文献を見ると、禅者は二つのまったく相反する答えをしていることが分かる。これはいったいどういうことであろうか。

仏教には、「無記」（記すなし、ノウ・コメント）ということがある。釈尊は、宗教的実践にとって無用な単なる形而上学的問題のいくつかについては、「ノウ・コメント」という態度を持たされたというのである。これに関することで言うと、釈尊にある人が「悟った者（仏陀）は死んだらどうなるか」と問うたときに、「ノウ・コメント」と言われたというのである。だから、私もまた、ヒック先生の問いに対しては、釈尊とともに「無記」という態度を取りたいと思う。「ときに、珉道者黙然たり」ということである。

しかし、そうしたゼン・マスター的な答えでは、ふつうの人は、分からないから答えないのかと誤解するかも知れず、またせっかくの質問に対して、あまりにも不親切だと、八木さんが言うから、もう少し婆談義を試みてみる。

ヒック先生の問いの底には、「時間」というものを、滝の水が落ちるように、川の水が流れるように、過去・現在・未来と直線的に流れるもののように考える、「時間」というものに対する一つの仮定があると思う。そのうえで、世界が造られる前と世界の終末の後とで、法身がどうなるかを考えるという問いである。しかし、仏教では「もう一つの」時間を考える。これを先の「直線的時間」に対して、西田哲学では「円環的時間」と言う。「絶対現在」である。「永遠の今」である。そうした時間の上に立ったら、この問いはどうなるであろうか。

禅者は、常に、「即今《いま》・此処《ここ》・自己」を離れて、ものを考えることをしない。だから、そこを離れた仮定の上に立っての質問は無益だというので、問題にしないのである。そんなことは、私には問題にならぬから、答えようがない、というのである。これが仏陀の「無記」ということの意味である。第一、現在が真に充実していたら、過去のことや未来のことを「思い煩う」必要は毛頭ないはずであろう。

では、先の趙州や大隋の答えは、どういうことかというと、禅者は常にその時、その場の相手を見て発言するのである。仏教には「正見」ということと「邪見」ということがある。「正見」（真正の見解＝般若の智慧）が〝悟り〟である。「邪見」は、その欠如であり、「無明」である。それに二とおりある。「常見」と「断見」である。「常見」とは、このものは常住不変にあるという見方に執われている邪見である。「断見」は反対に「空」で実体はないのだという見方に執われている邪見である。「有る」と見るのも「無い」と見るのも、自我の分別知の上で言うかぎり邪見である。

趙州の語は、「断見」に落ちる僧たちへの垂示である。大隋の語は「常見」に執われる僧たちへの応病与薬である。これを、断章取義的に受けとめて、「這箇、壊か不壊か」という問いに対する思想語と取っては誤解を招く。禅者の語は、いつも、即今・此処のこの相手に対しての「対機説法」なのである。それは「思想語」ではなく「教育語」である。禅の思想にたずさわる者は、常にこのことに注意すべきである。

私はこうしてヒック教授と話をしているときにも、亡き恩師ダイセツ・スズキのことを考えていた。どうしたら、どう言ったら、ゼン・ブッディズム（禅仏教）の大意《エッセンス》を、欧米の人々に伝えることができるであろうか。それが亡き真人《しんにん》鈴木大拙が自らに課した使命《ミッション》であった。私は及ばずながら、その師の悲願を自らの願として生きたいと念じている。

あとがき

本書は、曹洞宗大本山総持寺の機関誌『跳龍』に二カ年にわたって連載したものを、今回改めて編集、加筆したものである。連載を始めるにあたって、私は次のような「まえがき」を書いた──

「禅仏教」とは何か。私はすでに同じテーマで書き過ぎるほどの本を書いている。それなのに、この連載を引き受けて執筆を始めたのには、理由がある。一つは、編集子の禅僧としての純一さに、心を打たれたからである。

──自分は本山の機関誌の編集にたずさわっている。単に末寺向けだけでなく、一般の方々にも禅仏教を布教することを念願としている雑誌である。しかし、改めて「禅仏教とは何か」と自身に問うてみると、これが正直言って分かっているようでよく分からない。それでこのテーマで、連載で老師に何か書いていただきたい。──というのである。

私はこの方の、禅僧としての真っ直な柔軟心《にゅうなんしん》を尊いものに思った。

そして今一つ。

私の門人の一人の青年僧が地方都市の禅寺に副住職として請われて、入寺式をするという。それで、近刊の小著『禅が分かる本』（広済堂文庫）を檀家の数だけ寄贈するから、これを持ってまず檀家を一軒残らず廻れと言った。ところがご住職の意向で、それはまずいということで、入寺式に集まった人々に施本することにしたという。それはそれでよい。しかし、集まられる禅僧方に配るのは失礼だから、在家の信徒にだけ配ることにするというのである。

私は、この言葉の背後にある考え方にカチンときた。

大学を出て僧堂へ三年つめて、紫衣《しえ》を着て葬式法事をしているだけで、禅の専門家のつもりか。禅僧だから禅が分かっているというのか。私は師家《しけ》分上《ぶんじょう》として、説道のための本を書こうとは思わない。かといって、何か他人に説教しようとして本を書いているのでもない。私はどこまでも「法」を説きたいと思って本を書いている。私のねらいは説法である。私の書くものはむずかしいと言われて、それだけに何とか分かっていただきたいと思って、一所懸命に「法」を説いている。だから、私は心の中では真っ先に、禅僧諸師にこそ読んで批判してもらいたいと願っているのである。むろん私の真のねらいは、在家の一般大衆の人々に一人残らず「法」を説くことなのであるが、そのためにもまず禅僧といわれる方々に率先して読んでいただいて、それが一般の在家大衆の人々へ弘まるのが順序というものであろう。

こんなことを考えている私としては、『跳龍』誌の編集子の先の真っ直な柔軟心がとても貴重なものに思えて、その期待に報いるためにも、私の見た「法」を、何とか精一杯努力して書き表わして、僧俗を問わぬ皆さんの率直な批判を請いたいと思ったわけである。

なお、先の連載のほかに、「日本臨済禅入門」と題して、月刊誌『宗教と現代』（鎌倉新書刊）に連載したものがあって、今回の編集に当たって、その中から「白隠の公案体系」の部分を、先の連載の相当部分とさし変えた。そしてその残りの部分は、「付・日本臨済禅への導き」と題して、巻末に付した。

本書がこういう形で一書にまとめられて刊行されることになったのは、法藏館の中嶋廣氏が、「外国の人が仏教というときには、今日も依然として禅なのに、現代の日本人が禅とは何かを知ろうとして読もうとするとき、適当な本が見当たらない。何か書いてみてほしい」と強く求められたことによる。いつも思うことであるが、夜飛ぶ虫は蛍だけではない。先には『跳龍』編集部各位の法愛、今また中嶋氏のこうした熱意がなかったら、本書は世に出なかった。重々の法縁をありがたく思う。記して各氏に謝意を表する。

平成二年三月

即非庵にて

秋月龍珉

解説

竹村牧男

秋月龍珉とは

秋月龍珉は、一九二一年生まれ。東京大学文学部哲学科に学ぶ一方、武蔵野般若道場で苧坂光龍老師に参禅するなどし、その後も行としての禅道と智としての禅学の二足の草鞋を履いて禅という一筋道を歩んだ禅将であった。苧坂光龍老師から越渓・禾山下の室内(公案のすべて)と大森曹玄老師から滴水・龍淵下の室内との双方において印可を受け、さらに公案の研究に励み、臨済正宗の禅の伝統の継承と普及に努めた。

知命の年(五〇歳)に山田無文老師の下で出家し、僧職の身分となったが、なお市井にあって禅会の指導や講演活動、執筆活動に専心した。鈴木大拙が日本に帰国した一九五八年から亡くなる一九六六年まで、大拙の住む松ヶ岡文庫に週一回は訪問して、大拙にも親しく教えを受けた。滝沢克己、八木誠一ら優れたキリスト者との対話を重ね、東西宗教交流学会の設立に参画し、宗教哲学の地平での宗教間対話の推進に尽力し、海外でこのテーマに関する講演活動も行った。埼玉医科大学、花園大学で教授職も務めている。そのように、禅者にしてはまれな、知性派の論客であった。一九九九年、世寿七七歳で示寂した。

著作に、処女作の『公案――実践的禅入門』のほか、『道元入門』、『臨済録』(「禅の語録」一〇)、『趙州録』(「禅の語録」一一)、『一日一禅』、『禅宗語録漢文の読み方』(秋月真人と共著)、『絶対無と場所――鈴木禅学と西田哲学』、『誤解された仏教』、その他、九〇冊を超えるほど多くの著作がある。

本書出版の背景

本書は、まさに禅仏教とはいかなるものかを、主に思想面、実践面から解説したものであり、禅の入門書といってよいものだが、中身は濃いものである。この本の制作の背景には、当時の法藏館の編集者から、「外国の人が仏教というときには、今日も依然として禅なのに、現代の日本人が禅とは何かを知ろうとして読もうとするとき、適当な本が見当たらない。何か書いてみてほしい」と強く求められたことがあったという。確かに今日、かえって外国人のほうが禅について詳しいという事情も否定できないであろう。ゆえに本書は、日本人自身が禅について基本的な知識を持つための書物なのである。そのためか、「禅仏教とは何か」の答えとして、主に日本の禅宗の解説となっている。

なお、その大部分は、曹洞宗大本山総持寺の機関誌『跳龍』に二年間連載した稿が下敷きになっている。それは、『跳龍』の編集者自身が龍珉に、改めて「禅仏教とは何か」のテーマで何か書いてほしいと依頼して成ったものであった。これに、月刊誌『宗教と現代』（鎌倉新書刊）に連載した「日本臨済禅入門」から補充して、一書としたものである。

こうした成り立ちのせいか、龍珉は臨済正宗の正法を守る門番を自任するほどであったが、本書には曹洞宗の禅への言及がかなり多くある。今日、日本には、禅宗として、臨済宗と曹洞宗と黄檗宗とがある。江戸時代初期に明から伝来した黄檗宗には、念仏と禅の双修という特徴があったが、今日ではほぼ臨済宗と変わらないものとなっている。その臨済宗の禅と曹洞宗の禅の双方について、バランスよく詳しく説明されているのである。

禅仏教の思想的立場

では龍珉は、禅についてどのように説明するのであろうか。

我々の本来の自己は、本来清浄で、不生不滅・不垢不浄である。この空性としての心性の本来清浄なることに目覚めることが悟りであり、その智慧が般若といわれる。

しかし現実の自我は煩悩に汚され、苦界に生死している。そこで、本来の自己を現実の自我の上に実現し成就しなければならない。「波羅蜜多」の意味は完成ということであり、ゆえに般若波羅蜜多（心性清浄の智慧の完成）ということこそが仏道の核心である。禅は定慧一等の坐禅において、その行を純粋に行じる道である。龍珉はこの立場を、禅道仏法の根本としている。臨済禅は、この般若の完成を、公案修行を通して実現していくことになる。公案については、後にまた触れるが、師から弟子に与えられる、その意旨を了解・体達すべき問題のことである。多くは古来の禅問答がそれに供される。

一方、道元の禅については、その根本を身心脱落・脱落身心の悟り体験に発する「本証の妙修」に見る。それは、『弁道話』に出る「初心の弁道すなわち一分の本証を無為の地に得るなり」、「妙修を放下すれば本証手の中に充てり。本証を出身すれば、妙修通身に行われる」等によってのことである。ここから、「只管打坐」も、「威儀（日常の行動）即仏法、作法是宗旨」の立場も出てくるというのである。

こうして、般若波羅蜜多を根本とする臨済禅と、本証妙修を根本とする曹洞禅とは、本質的に同じものだと解説している。しかしどちらかといえば、曹洞宗は坐禅そのものがそのまま仏の実現だという見方をとる（本覚門的）。一方、臨済宗は坐禅して悟りを実現しようとする傾向にある（始覚門的）。しかし龍珉は、白隠の『坐禅和讃』に、冒頭、「衆生本来仏なり」とあるほか、中ほどで「因果一如の門開け」と歌い、最後に「この身すなわち仏なり」と結んでいて、この「因果一如」は「修証一等」のことでもあり、ひいては

「生仏不二」(衆生と仏との不二)のことでもあって、本覚門に立っていることは道元禅と異ならないことを指摘している。その前提に、道元の禅を正伝の仏法であることを心から認め尊敬している。

しかしながら、たとえ衆生本来仏なり、あるいは本証の妙修で、坐禅は仏の坐禅だとしても、現実には煩悩熾盛の衆生は、その坐禅中、妄想にふけっていたり居眠りしていたりすることがしばしばである。そのような観念禅・口頭禅では、仏法は滅びかねない。やはりどうしても一度、座蒲団の上で徹底的に死に切って、仏として目覚める体験がなければならない、というのが白隠ら臨済禅の立場であることを説明している。逆に昔の曹洞宗では公案修行を取り入れていたのであり、今日の曹洞宗もこのことを復活すべきだと強調している。

公案修行とは

臨済宗では、公案を用いて修行していく。龍珉によれば、もと公案とは、公府の案牘の略で、要は公文書のこと、権威を持つ文書のことだという。しかし禅で公案というときは、〝参禅に当たって師家が学人に与える参究の課題〟の意と明かしている。前にもふれたように、大体は往古の禅問答が用いられることが多い。代表的なものに、趙州無字の公案がある。趙州禅師に修行僧が「犬にも仏性がありますか」と尋ねると、趙州は「無じゃ」と答えた。この無とは何かを究明せよというのである。あるいは白隠の隻手音声の公案がある。「両掌を打つと音がするが、隻手（片手）にどんな音があるか」、その音をきいてこいというものである。これらの公案を通じて、見性を果たそうとするのである。

公案は、こうした初心の修行者に与えられるものだけではない。実は結構多彩なものがあるのである。聖一国師、大応国師には、「理致・機関・向上」の分類があり、白隠はこれをさらに開いて、「法身・機関・言詮・難透・向上」および「五位・十重禁・末後牢関」からなる体系を設けた。その詳細は、本書の解説にまかせよう。おおざっぱに言えば、見性で得た悟りを、日常の生活上に発揮させ、ひいては悟り臭さを消して、ひそかに人々の救済の活動に励むように導くものになっている。禅はただ悟りをひけらかすだけではないのである。

本書には、公案の成り立ちや各種公案の意義の解説のみならず、この公案修行を実際にどのように行っていくのか、また公案修行における禅境の進化・深化の過程はどのようであるのか、そのこともていねいに描かれている。

その他の特徴

本書の特徴の一つに、禅仏教の最も基本となる文献のていねいな解説がふくまれている。その文献とは三つあって、第一は『無門関』第一則である。この趙州無字の公案に対する無門の評唱（禅的解説）には、無字の公案の修し方とその悟りへの過程が詳しく説かれている。この行間を龍珉は詳細に解説するのである。第二は、白隠の『坐禅和讃』である。これを繰り返し読むだけでも、禅の境涯というものを髣髴することができるであろう。第三は曹洞宗の『修証儀』である。その成り立ちや、その根底に流れている受戒即成仏の思想について懇切に説明している。この三つの基本的文献の的確な解説によって、本書は禅への優れた入門書になっていると思われる。

もう一つの特徴として、禅宗から見た戒律の見方についての詳しい解説があることがある。龍珉は、最澄が唱えた大乗戒のみで僧侶になれる立場を支持するとともに、禅宗の一心戒についてその内容と意義を明かしている。さらに道元の十六条戒に含まれる十重禁戒（公案体系にも組み込まれている）の、興味深い禅的な解釈も披露している。日本仏教はともすれば戒律についての言及を飛ばしてしまう傾向にあるが、本書において、定慧一等の前提にある戒学についても、そのあるべきあり方を綿密に論じているあたりは、龍珉の面目躍如たるものがある。

こうして、総じて、本書は禅の実践への確かな優れた入門書となっており、かつ思想的に極めて深いものを湛えている。多少なりとも禅に関心のある人には、ぜひ本書に参じていただきたいと心より願うものである。

（前東洋大学学長）

秋月龍珉（あきづき　りょうみん）
1921年宮崎県生まれ。東京大学文学部哲学科卒業。1958年臨済正宗大事了畢。1972年臨済宗妙心寺派の僧籍に入る。埼玉医科大学教授、花園大学教授を歴任。月刊誌『大乗禅』主幹等を務める。1999年歿。著書多数。

禅仏教《ぜんぶつきよう》とは何《なに》か

二〇二〇年五月一五日　初版第一刷発行

著　者　秋月龍珉
発行者　西村明高
発行所　株式会社 法藏館
京都市下京区正面通烏丸東入
郵便番号　六〇〇-八一五三
電話　〇七五-三四三-〇〇三〇（編集）
〇七五-三四三-五六五六（営業）

装幀者　熊谷博人
印刷・製本　中村印刷株式会社

ISBN 978-4-8318-2609-1 C0115

法蔵館文庫既刊より

さ-1-1
増補 いざなぎ流 祭文と儀礼
斎藤英喜著
高知県旧物部村に伝わる民間信仰・いざなぎ流。中尾計佐清太夫に密着し、十五年にわたるフィールドワークによってその祭文・神楽・儀礼を解明
1500円

キ-1-1
老年の豊かさについて
キケロ著
八木誠一
八木綾子訳
老人にはすることがない、体力がない、楽しみがない、死が近い。キケロはこれらの悲観的通念を吹き飛ばす。人々に力を与え、二千年読み継がれてきた名著。
800円

た-1-1
仏性とは何か
高崎直道著
「一切衆生悉有仏性」。はたして、すべての人にほとけになれる本性が具わっているのか。日本仏教に根本的な影響を及ぼした仏性思想を明快に解き明かす。
1200円

さ-2-1
アマテラスの変貌
中世神仏交渉史の視座
佐藤弘夫著
童子・男神・女神へと変貌するアマテラスを手掛かりに中世の民衆が直面していたイデオロギー的呪縛の構造を抉りだし、新たな宗教コスモロジー論の構築を促す。
1200円

て-1-1
正法眼蔵を読む
寺田透著
さまざまな道元論を世に問い、その思想の核心に迫った著者による「語る言葉（パロール）」と「書く言葉（エクリチュール）」の「講読体書き下ろし」の読解書。
1800円